LIFE LINE

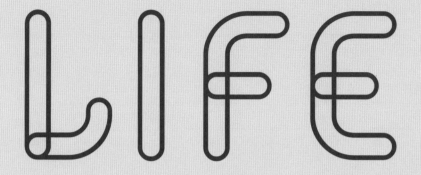

ライフライン

ネット・電力・水 “見えないシステム”から知る
世界のなりたち

ダン・ノット　著　桃井緑美子　訳

河出書房新社

Hidden Systems: Water, Electricity, the Internet, and the Secrets Behind the Systems We Use Every Day
by Dan Nott
Text and art copyright © 2023 by Dan Nott
All rights reserved. Published in the United States
by RH Graphic, an imprint of Random House Children's Books, a division of Penguin Random House LLC, New York.
Japanese translation rights arranged with Chase Literary Agency, New York, through Tuttle-Mori Agency, Inc., Tokyo

14歳の世渡り術プラス

ライフライン
ネット・電力・水 "見えないシステム"から知る世界のなりたち

2024年2月18日　初版印刷
2024年2月28日　初版発行

著　者：ダン・ノット

訳　者：桃井緑美子

装　丁：渋井史生

発行者：小野寺優

発行所：株式会社河出書房新社
　　　　〒151-0051 東京都渋谷区千駄ヶ谷2-32-2
　　　　電話 03-3404-1201（営業）　03-3404-8611（編集）
　　　　https://www.kawade.co.jp/

組　版：株式会社キャップス

印刷・製本：三松堂株式会社

Printed in Japan
ISBN978-4-309-23146-4

いつもやさしさと好奇心と創造性を刺激してくれる家族、
両親と兄と祖父母へ。

本書は、まずコピー用紙に鉛筆でアイデアの下絵を描き、それをもと
に板紙にインクで清書してから文字と色をデジタルで処理した。

目　次

この本のイラストが表す3つのシステムの動きや状態

…… データがケーブルを通じて送られている

…… 電波を使ってデータが伝送されている

…… 電気が電線を流れている(電流)

…… 電力が発生している(発電)

…… 電圧が使いやすい値に上げられたり
下げられたりしている(変圧)

…… 電力なし

…… 毒性の物質で空気や水が汚染されている

…… 水または水蒸気が移動している

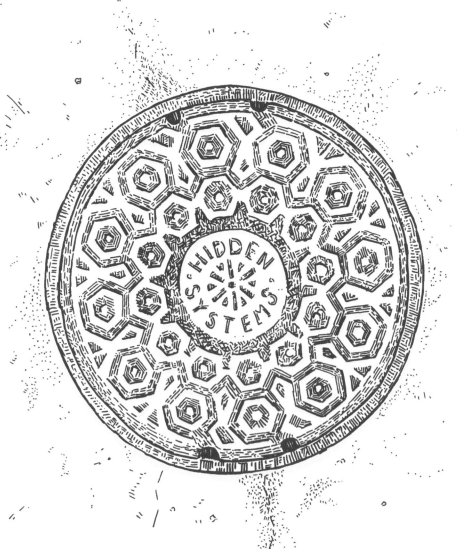

"見えないシステム"って なんのこと?

見落とされている最大の真実は、
世界とは私たちが作るものだということ、
そして容易に作り変えられるものだということだ。

──デヴィッド・グレーバー
（人類学者、1961-2020）

ボクが見えないシステムの絵を描きはじめたのは、マンガには**すごい力**がありそうだからだ。

ボクたちの頭の中の**イメージ**を

クラウド（雲）

実際の**しくみ**と見くらべられる。

ブーン

目の前にある**小さなもの**が

大きいシステムの中の

どの部分なのか、

マンガなら表せる。

そしてその**歴史**も、

電力格差

植民地支配の後遺症

不平等も、これから**実現できそうなこと**も。

水の入手困難

ボクたちが
目にとめないものの中に
大事なことがつまって
いるんだ。

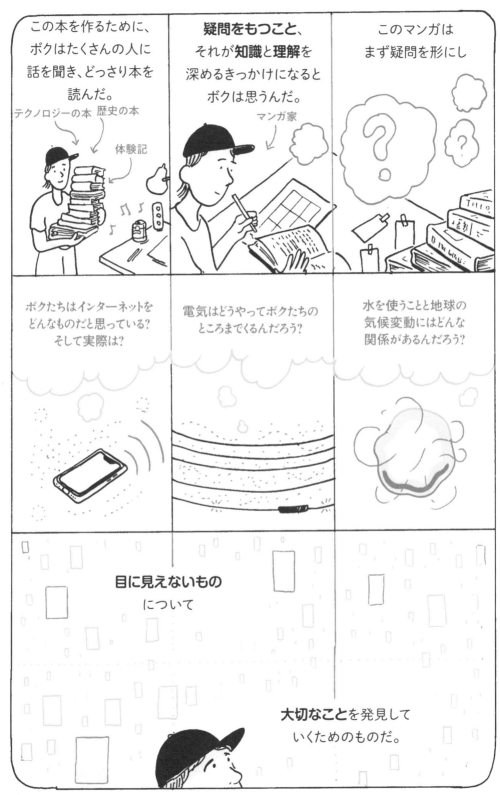

ネットワークこそ計算資源だ。

―― ジョン・ゲイジ（アメリカのコンピュータ科学者、1942-）

第 1 部

ネットワークの
システム

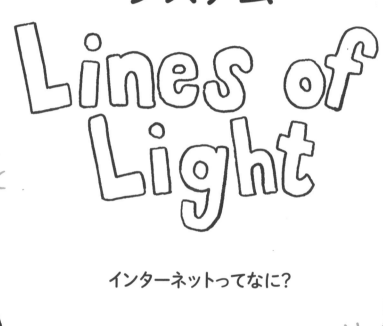

Lines of
Light

インターネットってなに?

インターネット*ってなんだろう？　形がないし、

元気?

時間も空間も
無視しているみたいだ。

まあね

だからボクたちはインターネットを**いろいろなものにたとえる**んだろう。

だけど
**たとえて
ばかり**で

ちゃんと理解
できるのかな?

*インターネット:inter+networkの略。interは「〜の間、相互に」、networkは「網状のもの」という意味。多数のコンピュータを網目のように接続した
のがネットワークで、インターネットはネットワークとネットワークの「間」をつないだもののこと。

PART
1
たとえてみると

インターネットは
ボクたちの世界とは
違う**空間**だという。

1980年代の
SF小説にそう
書かれていたんだ。

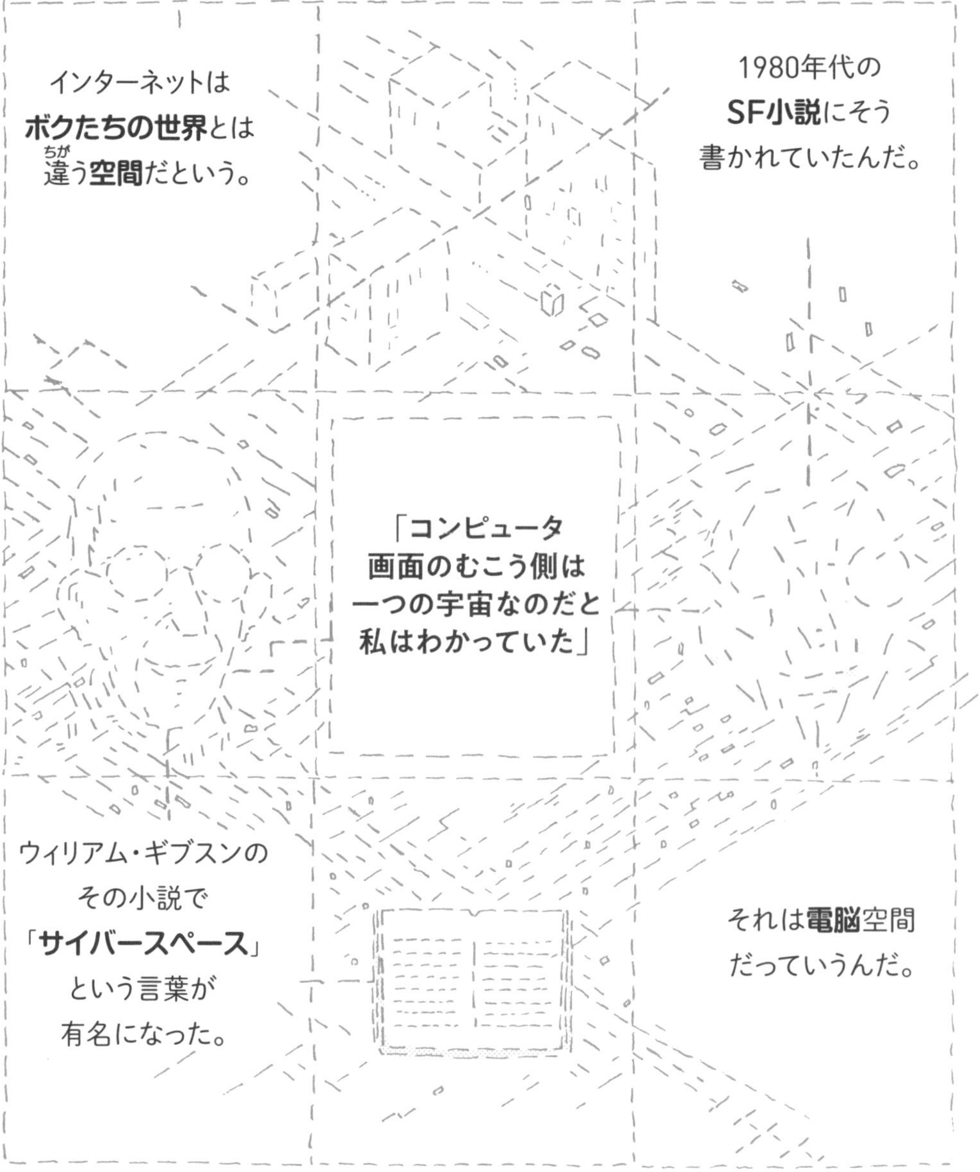

「コンピュータ
画面のむこう側は
一つの宇宙なのだと
私はわかっていた」

ウィリアム・ギブスンの
その小説で
「サイバースペース」
という言葉が
有名になった。

それは**電脳**空間
だっていうんだ。

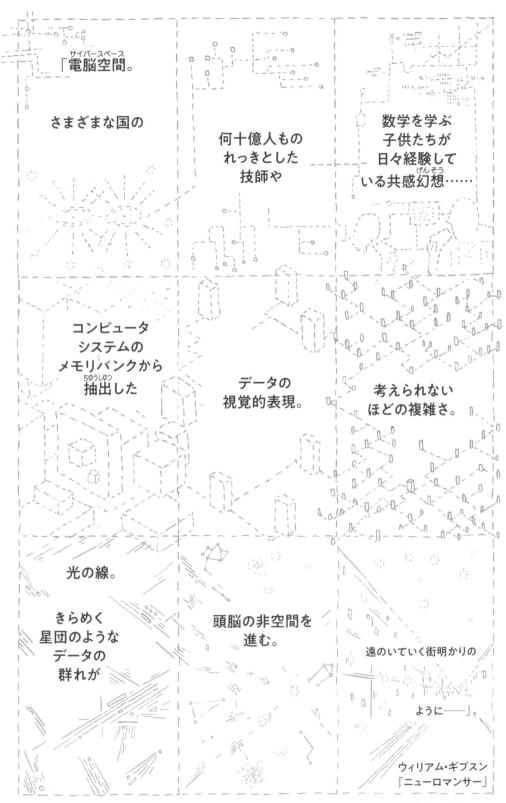

「電脳空間(サイバースペース)。

さまざまな国の

何十億人もの
れっきとした
技師や

数学を学ぶ
子供たちが
日々経験して
いる共感幻想(げんそう)……

コンピュータ
システムの
メモリバンクから
抽出(ちゅうしゅつ)した

データの
視覚的表現。

考えられない
ほどの複雑さ。

光の線。

きらめく
星団のような
データの
群れが

頭脳の非空間を
進む。

遠のいていく街明かりの

ように──」。

ウィリアム・ギブスン
『ニューロマンサー』

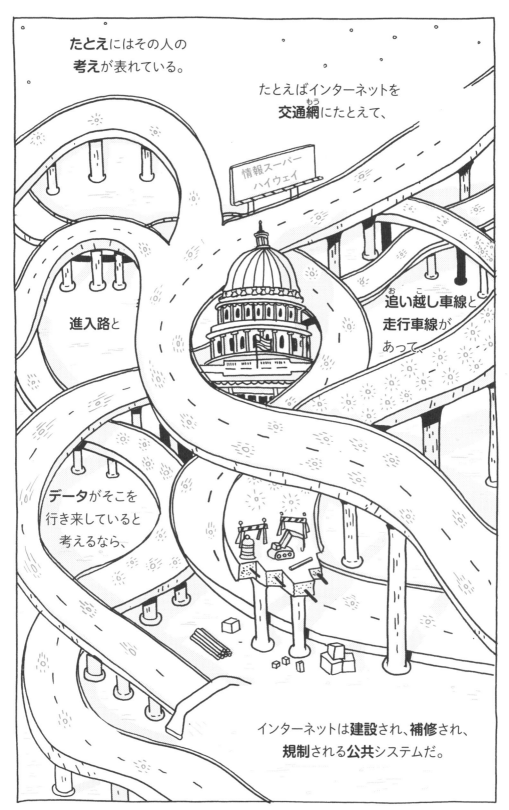

人とのつながりの場だと考えるなら、「**広場**」とか「**仮想コミュニティ**」。

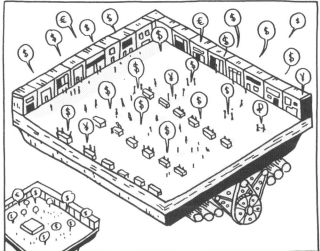

ビジネスに使うなら商品とアイデアの**市場**。経済発展の**エンジン**だ。

政府の干渉（かんしょう）がない場所だと思うなら、インターネットは

西部の開拓地（かいたく）のような**無法地帯**。

ルールは自然に決まる。

データの海にもたとえられる。

浅い表層ウェブと

深い深層ウェブがあって、

エクスプローラー（探検家）が航海し、

海賊が荒らしまわり、

サイトからサイトへサーフィンする人たちもいる。

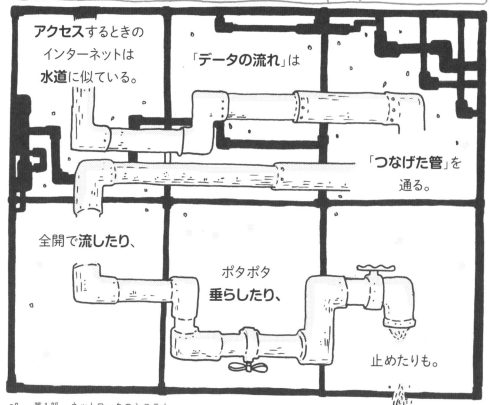

アクセスするときのインターネットは水道に似ている。

「データの流れ」は

「つなげた管」を通る。

全開で流したり、

ポタポタ垂らしたり、

止めたりも。

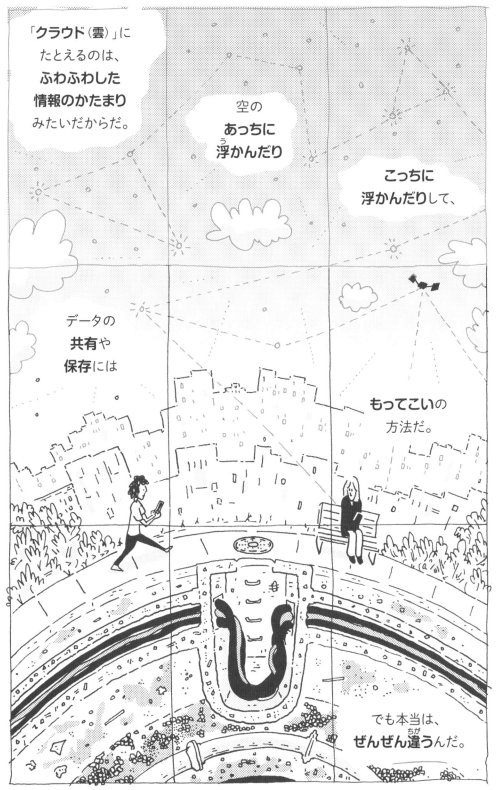

「クラウド（雲）」に
たとえるのは、
**ふわふわした
情報のかたまり**
みたいだからだ。

空の
**あっちに
浮かんだり**

**こっちに
浮かんだりして、**

データの
共有や
保存には

もってこいの
方法だ。

でも本当は、
ぜんぜん違うんだ。

長〜〜〜いケーブル

ボクたちはインターネットを
空を飛んでくるものみたいに
思っている。

太平洋の
ケーブル敷設船

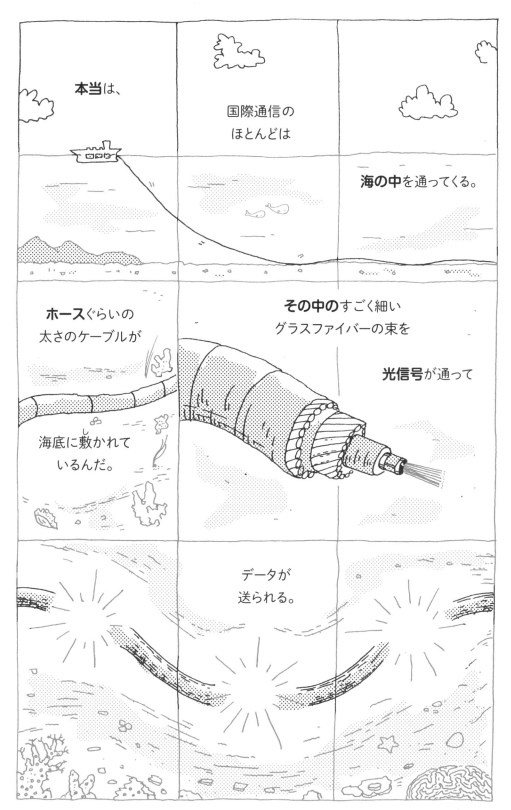

本当は、

国際通信の
ほとんどは

海の中を通ってくる。

ホースぐらいの
太さのケーブルが

その中のすごく細い
グラスファイバーの束を

光信号が通って

海底に敷かれて
いるんだ。

データが
送られる。

現在のハイテクな
光ケーブルも**むかしの
通信技術**の原理が
もとになっている。

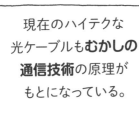

1844年に
サミュエル・モースが
**モールス符号による
電文**送信に成功し、

こ-れ-は
神-の
な-せ-る
わ-ざ-な-り

ツーツート
ツーツーツー
ツートト

ケーブル敷設が
一気に進んだ。

まもなく
イギリス人技師が
海底ケーブルを
開発した。

イギリスが特殊船で
長いケーブルを
敷いたのは、

遠くの植民地と
通信するためだ。

こうして**大英帝国**の電信網「**オール・レッド・ライン**」ができあがった。

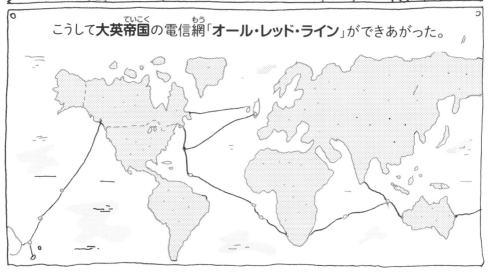

同じころ、ケーブルはアメリカの**植民地拡大**にも一役買った。

1898年にスペイン領のキューバを攻撃したとき、本国との通信を断つために海底ケーブルを**切断**したんだ。

ガンガン

アメリカは**1903年**に**太平洋ケーブル**を完成させ、新植民地のフィリピンと通信を開始した。

セオドア・ローズヴェルト大統領が太平洋ケーブルで**最初のメッセージ**を送った。

太平洋ケーブルの開通を祝って、フィリピンのみなさんにご挨拶する

1903年7月4日

電信網は**帝国主義**と**商業利用**の波に乗って、人類史初の**世界通信システム**になった。

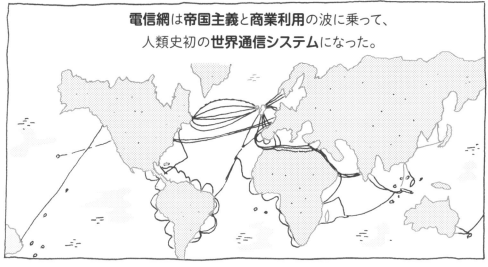

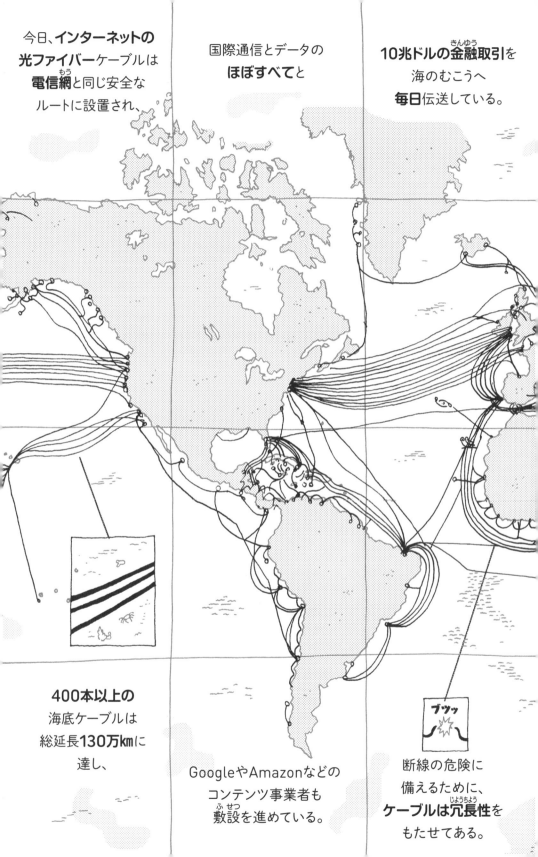

今日、**インターネットの光ファイバー**ケーブルは**電信網**と同じ安全なルートに設置され、

国際通信とデータの**ほぼすべて**と

10兆ドルの金融取引を海のむこうへ**毎日**伝送している。

400本以上の海底ケーブルは総延長**130万km**に達し、

GoogleやAmazonなどのコンテンツ事業者も敷設を進めている。

断線の危険に備えるために、**ケーブルは冗長性**をもたせてある。

ブツッ

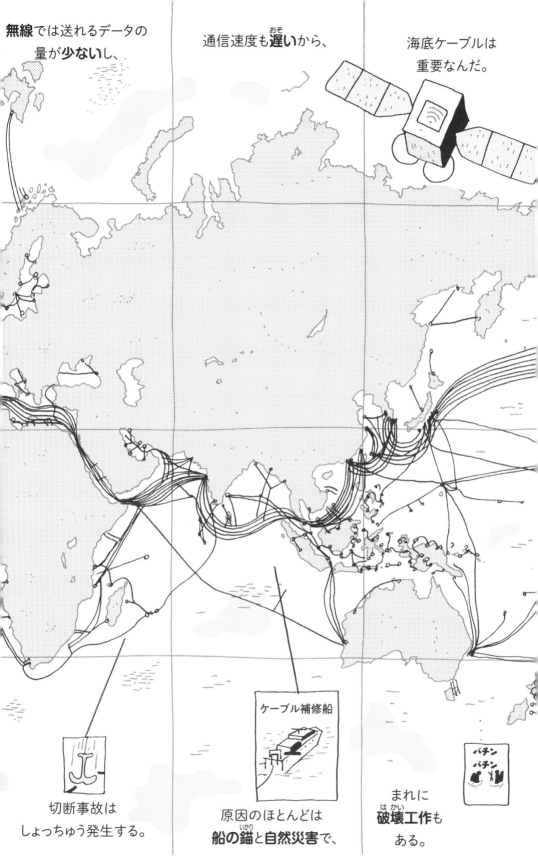

無線では送れるデータの
量が**少ない**し、

通信速度も**遅い**から、

海底ケーブルは
重要なんだ。

ケーブル補修船

切断事故は
しょっちゅう発生する。

原因のほとんどは
船の錨と**自然災害**で、

まれに
破壊工作も
ある。

バチン
バチン

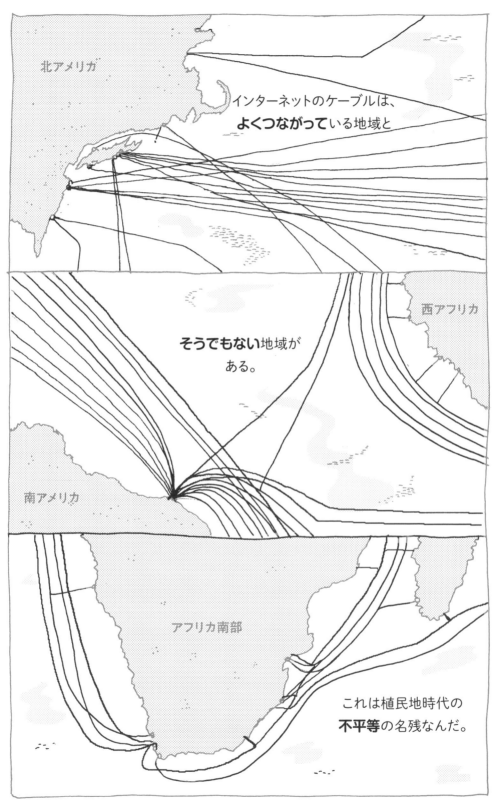

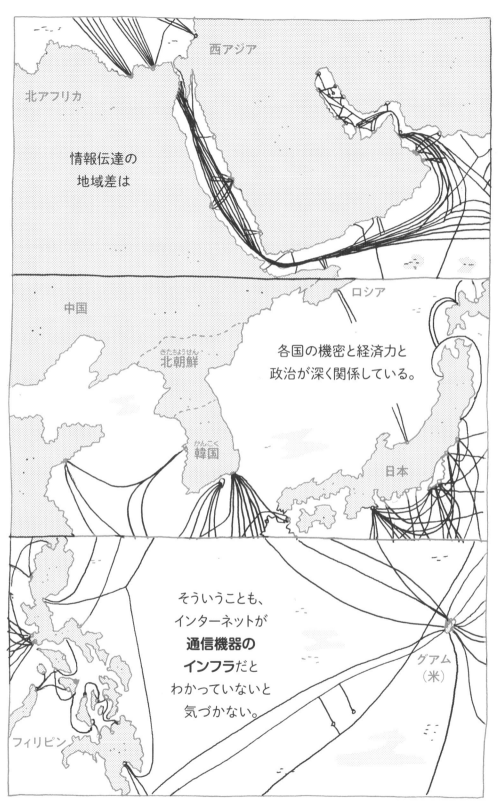

ケーブルは海の底を
何千kmも通って

陸に到達し、

海岸近くの
陸揚げ局に
接続される。

データは**そこ**で処理され、
陸上のネットワーク
（通信網）に伝送される。

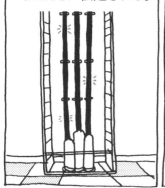

ケーブルは**陸**でも
たいてい地下を
通っている。

光ファイバー

鉄道線路沿いや

幹線道路沿いなど、
線路敷設権を
取得しやすい場所だ。

海底ケーブルも陸上ケーブルもいろいろな**企業**や
政府が所有し、

安全な既存の
ルートに設置されるんだ。

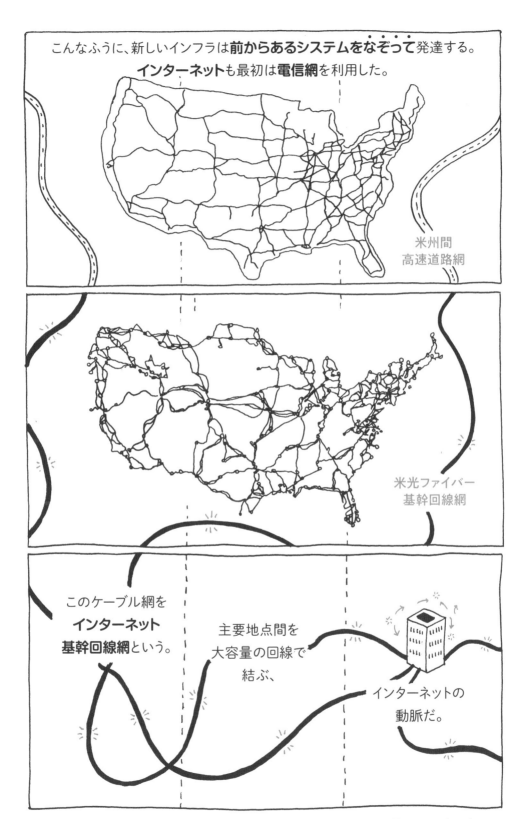

こんなふうに、新しいインフラは**前からあるシステムをなぞって**発達する。
インターネットも最初は**電信網**を利用した。

米州間
高速道路網

米光ファイバー
基幹回線網

このケーブル網を
**インターネット
基幹回線網**という。

主要地点間を
大容量の回線で
結ぶ、

インターネットの
動脈だ。

PART 3
インターネットことはじめ

1960年代に米軍が大型コンピュータどうしを
つなげようとした目的には
いろいろな説があるけれど、

一つだけ確かな
ことがある。
それは……

1969年10月29日に
2台の大型コンピュータを
接続しようとした
カリフォルニア大学の
学生たちは、

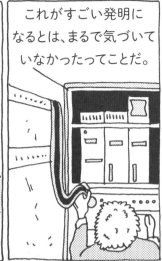

これがすごい発明に
なるとは、まるで気づいて
いなかったってことだ。

学生たちは米国国防
総省の**高等研究計画局**
（**ARPA**）の依頼で
コンピュータネットワーク
の実験をしていた。

米国政府資産
DAHC-0179-13-

データ通信の新しい理論と**IMP**という画期的な機器（**ルータの原型**）を
使って、離れた場所の2台のコンピュータを電話回線で接続しようとしたんだ。

パケット交換

U.S.A

実験は**成功**した。

もっとも「Log-in
（ログイン）」と送信する
途中でシステムが
クラッシュしてしまった。

だからネットワークで
送信された
最初の言葉は
「L-O」だったんだ。

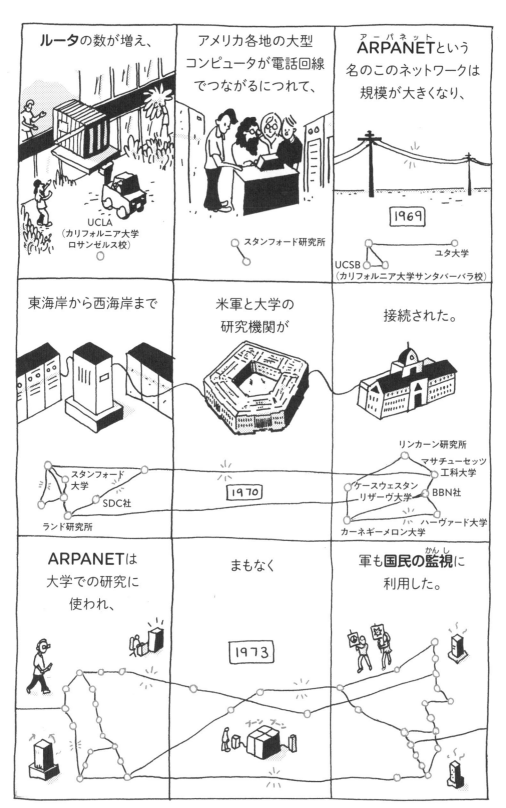

ルータの数が増え、

アメリカ各地の大型コンピュータが電話回線でつながるにつれて、

ARPANETという名のこのネットワークは規模が大きくなり、

UCLA
（カリフォルニア大学ロサンゼルス校）

スタンフォード研究所

1969

UCSB
（カリフォルニア大学サンタバーバラ校）

ユタ大学

東海岸から西海岸まで

米軍と大学の研究機関が

接続された。

スタンフォード大学

SDC社

ランド研究所

1970

リンカーン研究所

マサチューセッツ工科大学

ケースウェスタンリザーヴ大学

BBN社

カーネギーメロン大学

ハーヴァード大学

ARPANETは大学での研究に使われ、

まもなく

軍も国民の監視に利用した。

1973

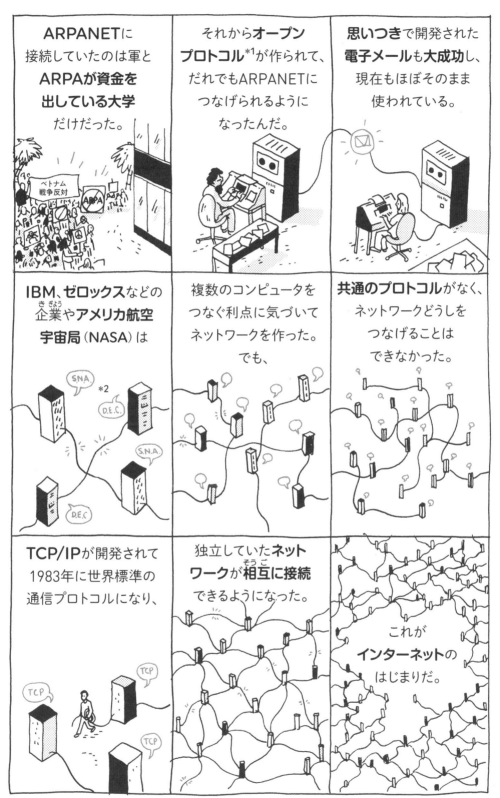

ARPANETに接続していたのは軍と**ARPAが資金を出している大学**だけだった。

それから**オープンプロトコル**^{*1}が作られて、だれでもARPANETにつなげられるようになったんだ。

思いつきで開発された**電子メール**も**大成功**し、現在もほぼそのまま使われている。

IBM、ゼロックスなどの企業や**アメリカ航空宇宙局**（NASA）は

複数のコンピュータをつなぐ利点に気づいてネットワークを作った。でも、

共通のプロトコルがなく、ネットワークどうしをつなげることはできなかった。

TCP/IPが開発されて1983年に世界標準の通信プロトコルになり、

独立していた**ネットワーク**が**相互に接続**できるようになった。

これが**インターネット**のはじまりだ。

*1 **オープンプロトコル**：どのメーカーでも使用することのできる仕様が公開されている通信規格のこと。プロトコルとは手順、手続の意味。

*2 **S.N.A.とD.E.C.**：プロトコルを含むネットワークの技術仕様の体系。S.N.A.はIBM、D.E.C.はDEC社が作ったもの。

1980年代のインター ネットはまだファイル送信 や電子メールくらいしか できなかった。

1991年に**ワールド ワイドウェブ（WWW）** が公開され、

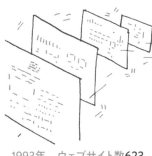

1993年　ウェブサイト数623

ビジュアルブラウザが 開発されると、 インターネットを使う人が またたく間に増えた。

1994年　ウェブサイト数10,022

当時は**アメリカ国立科学財団（NSF）**が 主要なインターネット基幹回線網を管理していて、

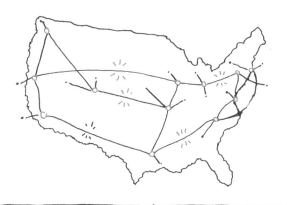

教育目的に かぎる！

NSFネットワークの**商用 利用**を認めなかった。

インターネット プロバイダが 自社ケーブルを 敷設しはじめたけれど、

プロバイダどうしが 商用トラフィック*を 交換するには

ネットワークを **接続する場所が** 必要だった。

*トラフィック：通信回線やネットワーク上のある地点で送受信される信号やデータのこと。またその量や密度のこと。

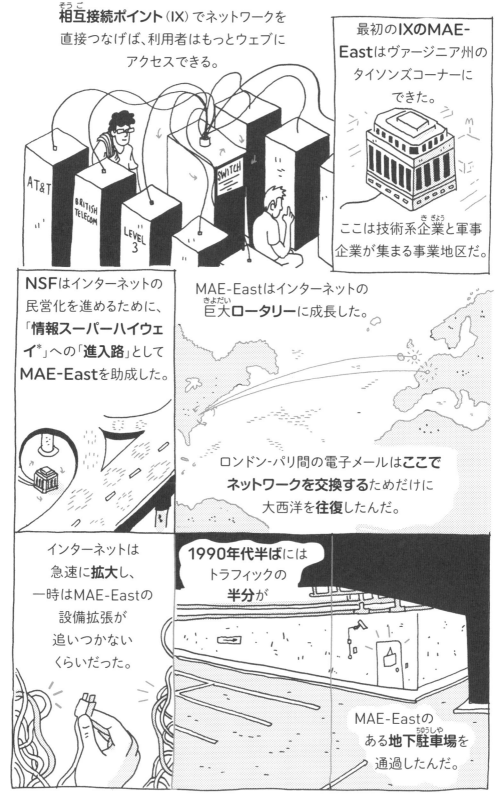

相互接続ポイント（IX）でネットワークを直接つなげば、利用者はもっとウェブにアクセスできる。

最初のIXのMAE-Eastはヴァージニア州のタイソンズコーナーにできた。

ここは技術系企業と軍事企業が集まる事業地区だ。

NSFはインターネットの民営化を進めるために、「情報スーパーハイウェイ*」への「進入路」としてMAE-Eastを助成した。

MAE-Eastはインターネットの巨大ロータリーに成長した。

ロンドン-パリ間の電子メールはここでネットワークを交換するためだけに大西洋を往復したんだ。

インターネットは急速に拡大し、一時はMAE-Eastの設備拡張が追いつかないくらいだった。

1990年代半ばにはトラフィックの半分が

MAE-Eastのある地下駐車場を通過したんだ。

*情報スーパーハイウェイ：1993年にクリントン大統領とゴア副大統領が掲げた全米規模の高度情報通信ネットワークの構想。

今日、**IX**は世界中に
ちらばっている。

とくに**アメリカと
西ヨーロッパに
集中しているのは、**

コンテンツを
格納したサーバが
この地域に
多いからだ。

IXはインターネットの
「**交差点**」のようなものだ。

その数が**偏って**いるなら、
インターネットはそれほど
平等ではないということ。

世界中の**だれもが**
使えるわけでは
ないんだ。

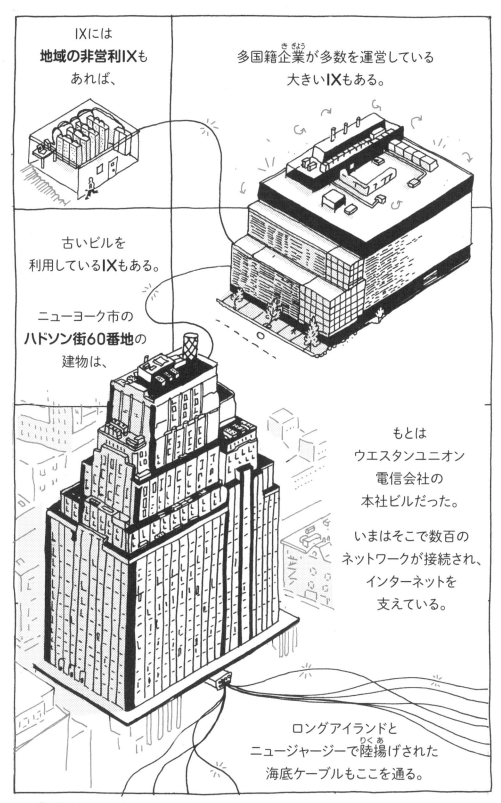

IXには**地域の非営利IX**もあれば、

多国籍企業が多数を運営している大きいIXもある。

古いビルを利用している**IX**もある。

ニューヨーク市の**ハドソン街60番地**の建物は、

もとはウエスタンユニオン電信会社の本社ビルだった。

いまはそこで数百のネットワークが接続され、インターネットを支えている。

ロングアイランドとニュージャージーで陸揚げされた海底ケーブルもここを通る。

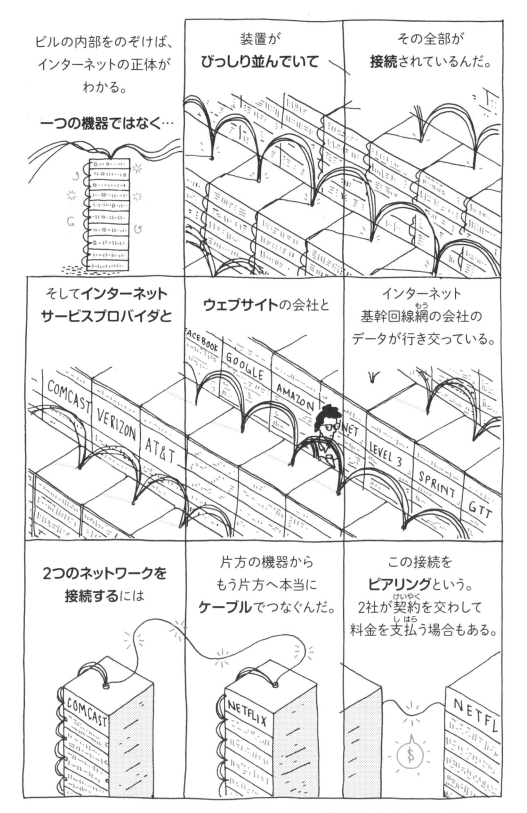

ビルの内部をのぞけば、
インターネットの正体が
わかる。

一つの機器ではなく…

装置が
びっしり並んでいて

その全部が
接続されているんだ。

そして**インターネット
サービスプロバイダと**

ウェブサイトの会社と

インターネット
基幹回線網の会社の
データが行き交っている。

COMCAST VERIZON AT&T

FACEBOOK GOOGLE AMAZON NET LEVEL 3 SPRINT GTT

**2つのネットワークを
接続する**には

片方の機器から
もう片方へ本当に
ケーブルでつなぐんだ。

この接続を
ピアリングという。
2社が契約を交わして
料金を支払う場合もある。

COMCAST

NETFLIX

NETFL

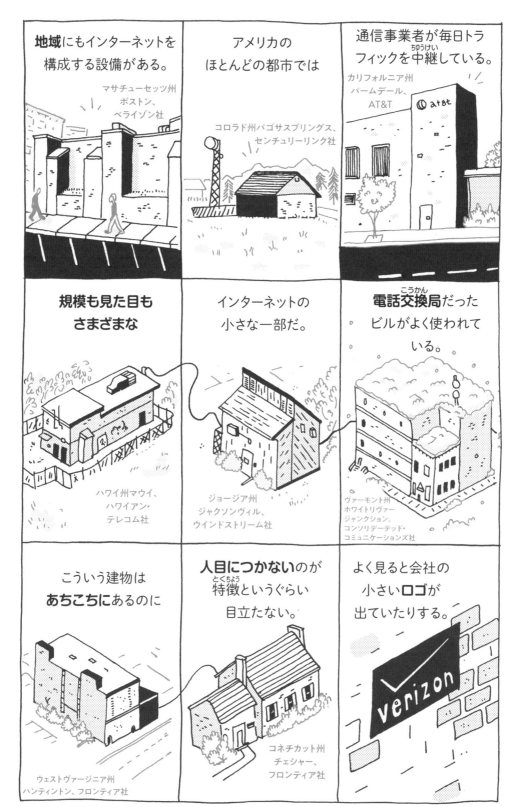

地域にもインターネットを構成する設備がある。

マサチューセッツ州ボストン、ベライゾン社

アメリカのほとんどの都市では

コロラド州パゴサスプリングス、センチュリーリンク社

通信事業者が毎日トラフィックを中継(ちゅうけい)している。

カリフォルニア州パームデール、AT&T

規模も見た目もさまざまな

ハワイ州マウイ、ハワイアン・テレコム社

インターネットの小さな一部だ。

ジョージア州ジャクソンヴィル、ウインドストリーム社

電話交換(こうかん)局だったビルがよく使われている。

ヴァーモント州ホワイトリヴァージャンクション、コンソリデーテッド・コミュニケーションズ社

こういう建物は**あちこちにあるのに**

ウェストヴァージニア州ハンティントン、フロンティア社

人目につかないのが特徴(とくちょう)というぐらい目立たない。

コネチカット州チェシャー、フロンティア社

よく見ると会社の小さい**ロゴ**が出ていたりする。

verizon

ここからデータは**地中の管路**か

空中の電線を通って

家庭の**モデム**と**ルータ**にとどく。

ワイヤレスデータは4GかLTEか5Gの通信方式で

近くの**基地局アンテナ**に送られ、

基地局はそれをケーブルで**ネットワーク**につなげる。

1本の**アンテナ**の電波がとどくエリアを「**セル**」という。

ビルの屋上などに設置されてアンテナが増えるほど

電波エリアが大きくなる。

ボクたちが写真をアップしたり、映画を観たり、電話したりするとき

モデム+ルータ

データはこんなふうに伝送されているんだ。

交換局

地域IX

それでその先は

どうなっているんだろう?

PART 4

クラウドの正体

「**クラウド**」の
考え方が知られる
ようになったのは
2006年ごろからだ。
でもこの言葉には
長い歴史がある。

ARPANETが
できたころ、
インターネットは
もうクラウドと
呼ばれていた。

ネットワークの設計図が
**もやもやした
雲のように**
見えたんだ。

ネットワーク設計図　1977年

ARPANET

でもクラウド
コンピューティングの
原理はARPANET
よりももっと古い。

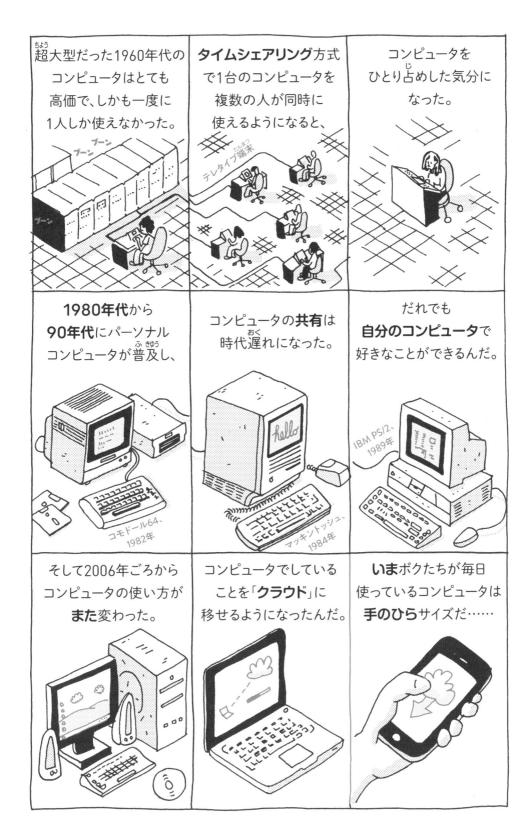

超大型だった1960年代の
コンピュータはとても
高価で、しかも一度に
1人しか使えなかった。

ブーン
ブーン
ブーン

タイムシェアリング方式
で1台のコンピュータを
複数の人が同時に
使えるようになると、

テレタイプ端末

コンピュータを
ひとり占めした気分に
なった。

1980年代から
90年代にパーソナル
コンピュータが普及し、

コモドール64、
1982年

コンピュータの共有は
時代遅れになった。

マッキントッシュ、
1984年

だれでも
自分のコンピュータで
好きなことができるんだ。

IBM PS/2、
1989年

そして2006年ごろから
コンピュータの使い方が
また変わった。

コンピュータでしている
ことを「クラウド」に
移せるようになったんだ。

いまボクたちが毎日
使っているコンピュータは
手のひらサイズだ……

ブーン

ブーン

ブーン

アマゾン・データセンタ。
ヴァージニア州北部にある
十数か所のうちの一つ

データセンタは、
倉庫ぐらい大きい。

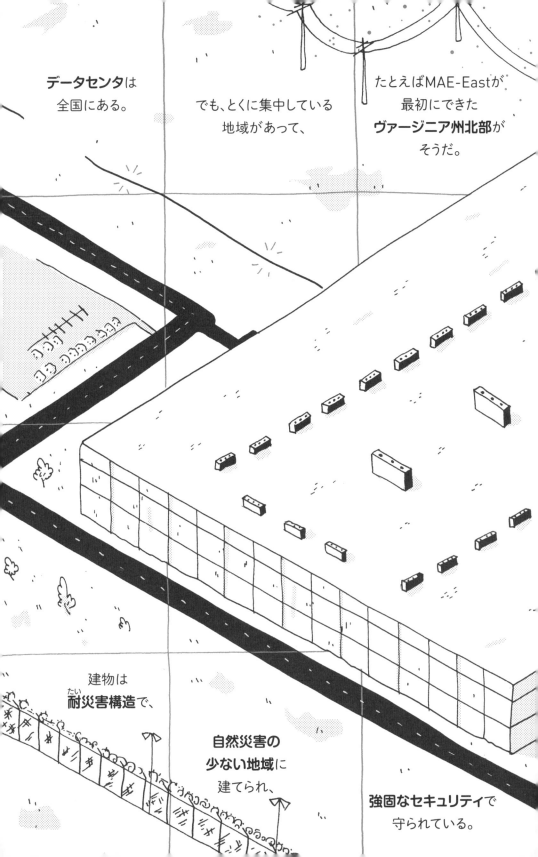

データセンタは全国にある。

でも、とくに集中している地域があって、

たとえばMAE-Eastが最初にできた**ヴァージニア州北部**がそうだ。

建物は**耐災害構造**で、

自然災害の少ない地域に建てられ、

強固なセキュリティで守られている。

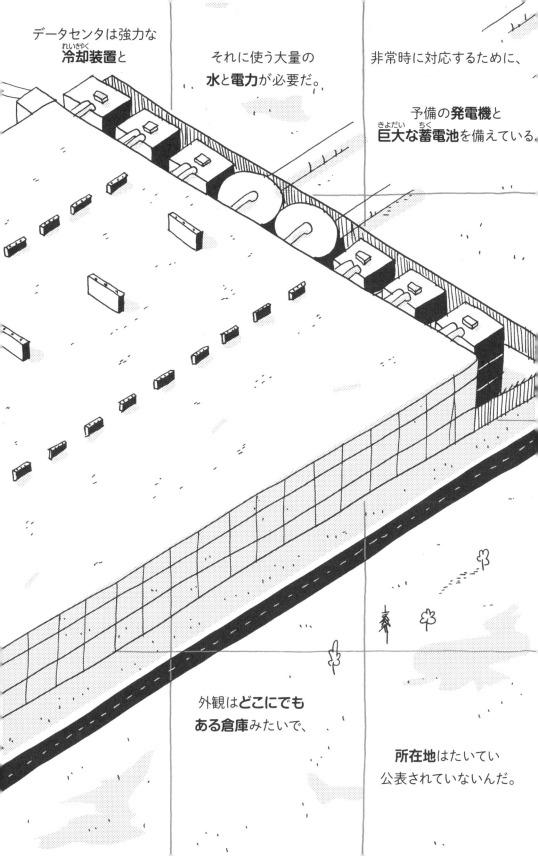

データセンタは強力な
冷却装置と

それに使う大量の
水と**電力**が必要だ。

非常時に対応するために、

予備の**発電機**と
巨大な蓄電池を備えている

外観は**どこにでも
ある倉庫**みたいで、

所在地はたいてい
公表されていないんだ。

内部ではサーバ
コンピュータが
インターネットの
データを**処理**し、
保存している。

写真をアップし、
音声コマンドを使い、

ボクたちが
スマートフォンで

ブーン

ブーン

記事を読み、
映画を観るとき、

共有のテキスト
ファイルを編集し、

実際の処理は**ここ**、
遠く離れた場所に
あるコンピュータが
やっているんだ。

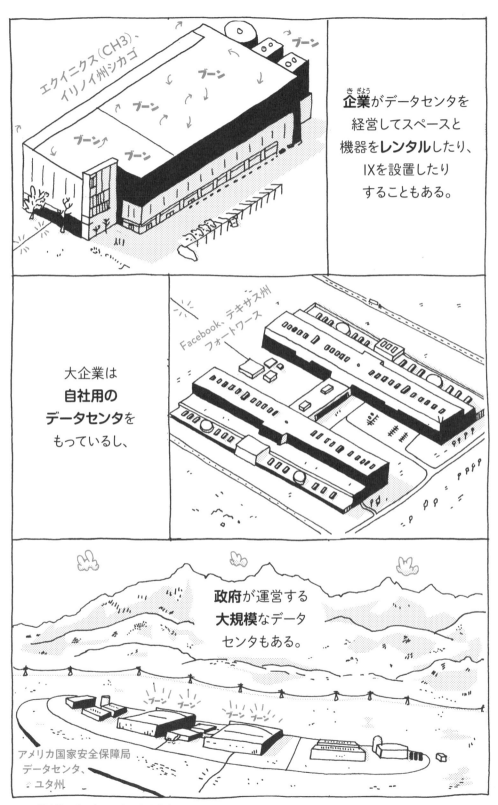

エクイニクス（CH3）、イリノイ州シカゴ

ブーン

企業がデータセンタを経営してスペースと機器を**レンタル**したり、IXを設置したりすることもある。

大企業は**自社用のデータセンタ**をもっているし、

Facebook、テキサス州フォートワース

政府が運営する**大規模**なデータセンタもある。

ブーン

アメリカ国家安全保障局データセンタ、ユタ州

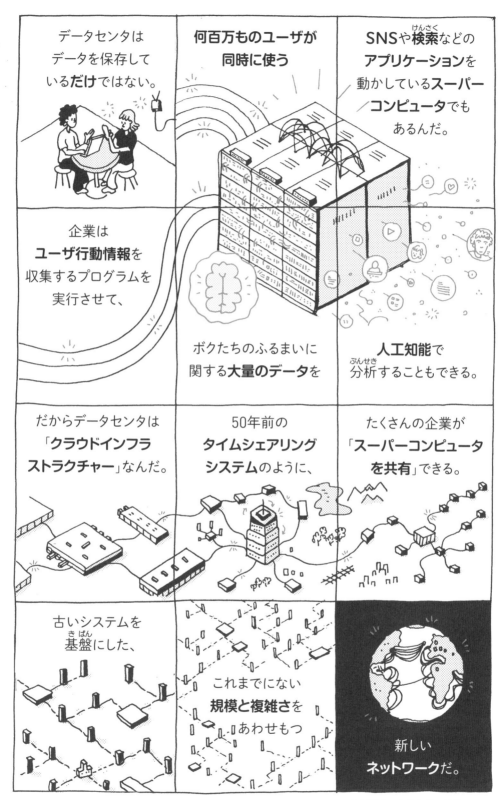

データセンタは
データを保存して
いる**だけ**ではない。

**何百万ものユーザが
同時に使う**

SNSや**検索**などの
アプリケーションを
動かしている**スーパー
／コンピュータ**でも
あるんだ。

企業は
ユーザ行動情報を
収集するプログラムを
実行させて、

ボクたちのふるまいに
関する**大量のデータ**を

人工知能で
分析することもできる。

だからデータセンタは
「**クラウドインフラ
ストラクチャー**」なんだ。

50年前の
**タイムシェアリング
システム**のように、

たくさんの企業が
「**スーパーコンピュータ
を共有**」できる。

古いシステムを
基盤にした、

これまでにない
規模と複雑さを
あわせもつ

新しい
ネットワークだ。

PART

5

まとめ

インターネットは
目に見えないものに
思えるけれど、

装置や機器の
集まった

形あるものだ。

ケーブルは、ボクたちの通信データを伝送する「**管**」。

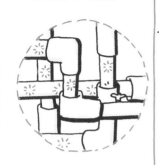

初めのころは銅の電信ケーブルで**1文字ずつ**送っていたけれど、

現在は**毎秒テラバイトの単位**で**データ**が陸と海を越えて送信される。

相互接続ポイント（IX）は、情報の通る最適な経路を選択する交差点。

いくつもの**ロータリー**が

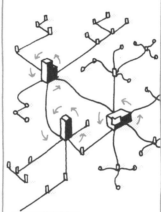

たくさんの情報発信点を**ネットワーク**につなぐ。

そして**データセンタ**は、インターネットの「**クラウド**」。

データセンタに設置されて、世界中の人々が使う

ブーン

共有コンピュータがクラウドの正体なんだ。

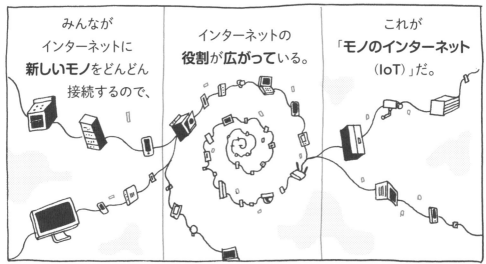

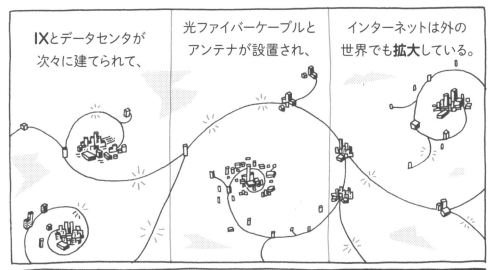

IXとデータセンタが次々に建てられて、

光ファイバーケーブルとアンテナが設置され、

インターネットは外の世界でも**拡大**している。

さらに、**飛行船**や

太陽光**ドローン**や

衛星で遠隔地（えんかく）と通信する実験が進められ

将来は**惑星間**（わくせい）ネットワークの実現も期待されている。

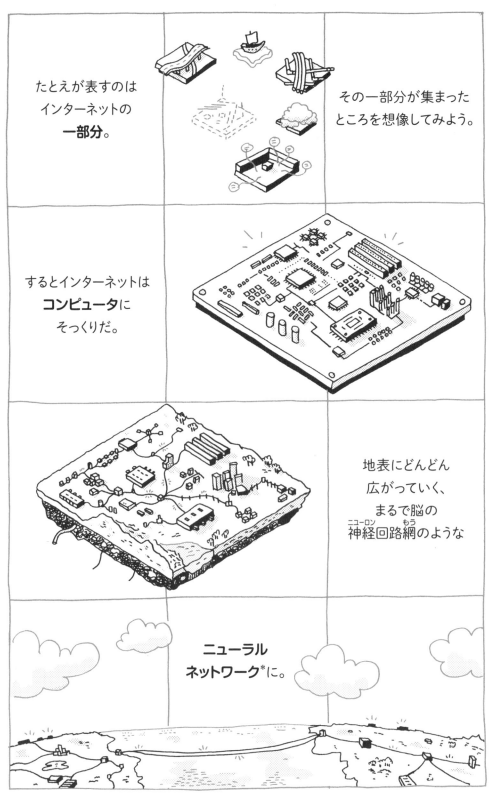

たとえが表すのは
インターネットの
一部分。

その一部分が集まった
ところを想像してみよう。

するとインターネットは
コンピュータに
そっくりだ。

地表にどんどん
広がっていく、
まるで脳の
神経回路網のような

ニューラル
ネットワーク*に。

*ニューラルネットワーク：人間の脳の神経細胞（ニューロン）のネットワークを模した方法で、
データを処理するようにコンピュータに教える機械学習の手法の一つ。

ツーツート

私が聞いた果てなく遥かな遠雷も

天空ほどには遠くなかった

灼熱の真昼はもう矢玉を置いたのに

轟きはなお収まらない——

雷に先立つ稲妻は

ほかならぬこの私を撃った——

でも私はこの電光を

残りの人生と引き換えになどしたくない——

酸素への恩ならお返ししたくとも

電気にはなんの義理もない——

それは家々を支え、日常を飾る

まばゆい喧騒は

放たれる閃光の

先ぶれでしかない——

想像は薄片のように静まりかえる——

音のない轟音

生命の残響は

どう説明されるのか——

—— エミリー・ディキンソン（アメリカの詩人、1830-86）

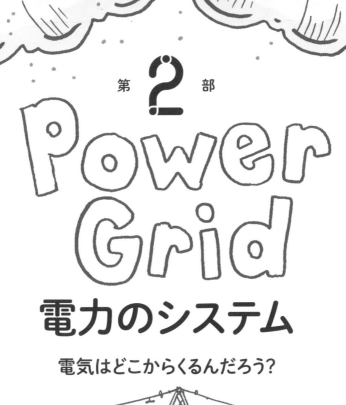

第 **2** 部

Power Grid

電力のシステム

電気はどこからくるんだろう?

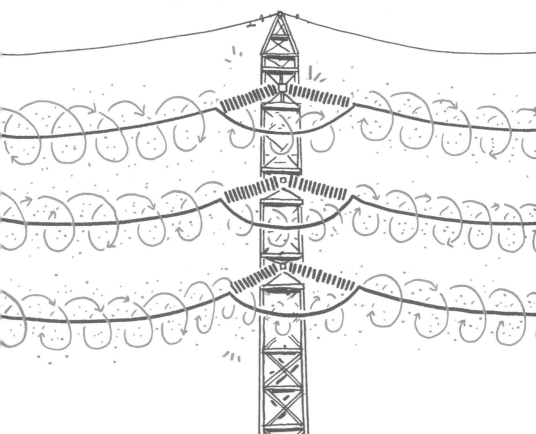

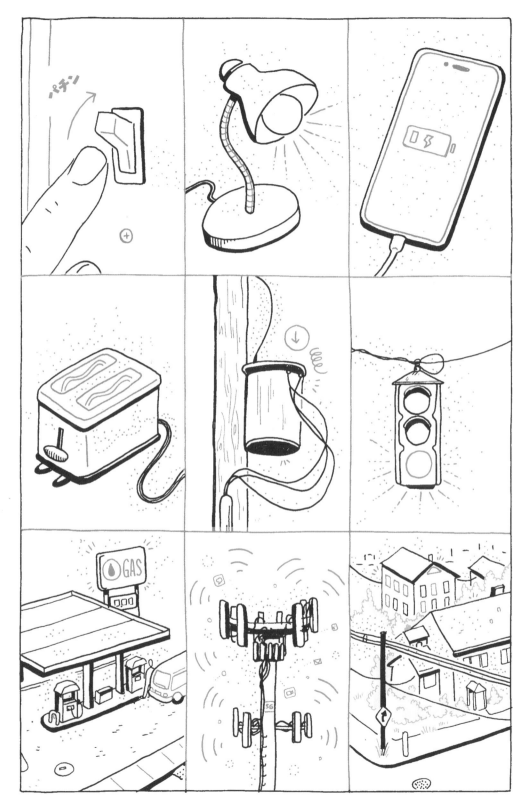

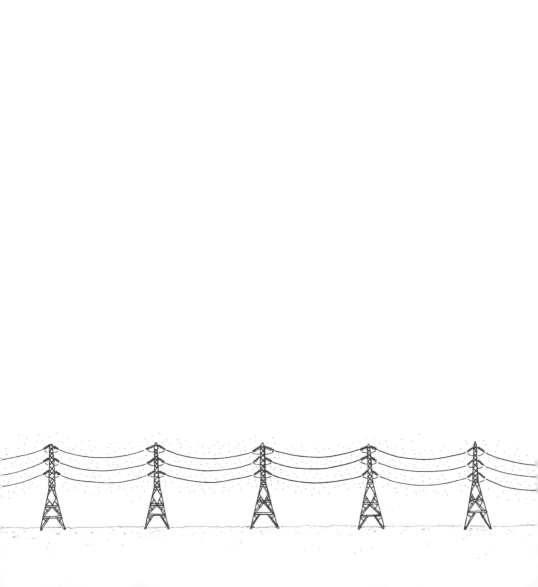

ボクたちはふだん、
電気のことなんて考えていない。

なくなって初めて気づくんだ。

ボクたちは**ちょっと**
電気が使えないだけで

スマホ
死んじゃった

スマホ
の墓

バッテリー寿命の
長いのにしないとね

モノが**電気**で生きて
いたみたいな言い方を
する。

工場から

マイコンまで

。

なんでも電気が
動かしている。

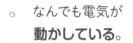

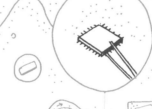

電気はいつもそばに
いる相棒だ。

なのにそんなに
大切な電気のことを

ボクたちは深く考えた
ことがあるだろうか。

コンセント
どこ？

あっち

うーん……

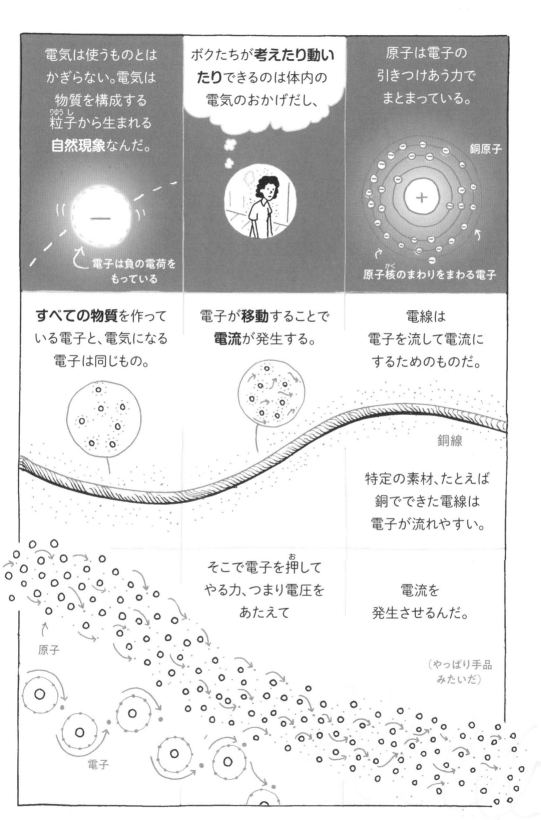

電気は使うものとはかぎらない。電気は物質を構成する粒子から生まれる**自然現象**なんだ。

電子は負の電荷をもっている

ボクたちが**考えたり動いたり**できるのは体内の電気のおかげだし、

原子は電子の引きつけあう力でまとまっている。

銅原子

原子核のまわりをまわる電子

すべての物質を作っている電子と、電気になる電子は同じもの。

電子が**移動**することで**電流**が発生する。

電線は電子を流して電流にするためのものだ。

銅線

特定の素材、たとえば銅でできた電線は電子が流れやすい。

そこで電子を押してやる力、つまり電圧をあたえて

電流を発生させるんだ。

（やっぱり手品みたいだ）

原子

電子

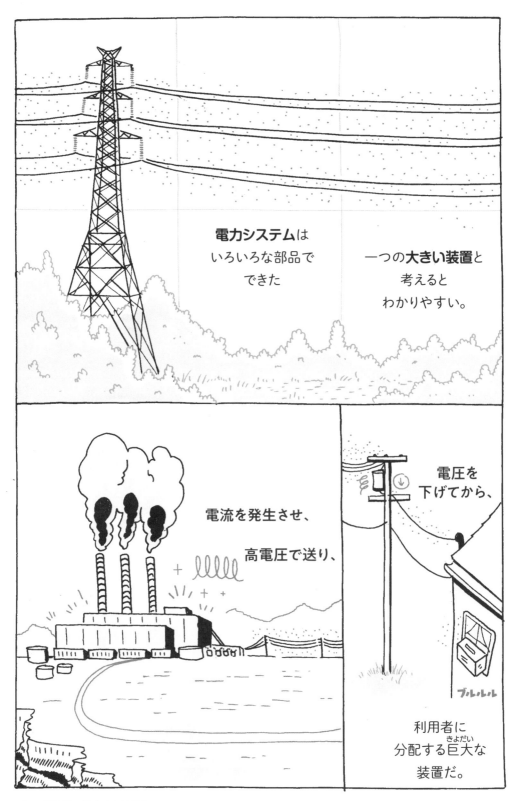

電力システムは
いろいろな部品で
できた

一つの**大きい装置**と
考えると
わかりやすい。

電流を発生させ、

高電圧で送り、

電圧を
下げてから、

ブルルルル

利用者に
分配する巨大な
装置だ。

この装置の
一部分ならボクたちにも
おなじみだけれど、

全体は
どうなっているん
だろう?

**もっとよいものに
する**にはどうすれば
よいだろう?

100年後のいま、ボクたちは**電気の作り方**と**使い方**を見直したほうがよさそうだ。

現在のやり方で気候変動が起こり、

世界中がこまっているし、深刻な被害(ひがい)を受けている人たちもいる。

最近、「**100%再生可能エネルギー**」とか

「**グリーン発電**」という言葉をよく耳にする。

ボクたちはそのためになにができるかをもっと考えてみよう。

気候ではなくシステムを変えよう

水圧破砕法(はさい)禁止

未来を燃やすな

クリーンエネルギー革命

かけがえのない地球

石炭禁止

気候変動を止める法律を!

未来エネルギー

エネルギー問題に取り組むには

現在のシステムのことをよく知れば

きっと役に立つはずだ。

PART

1

未知のエネルギー：
実験と発明

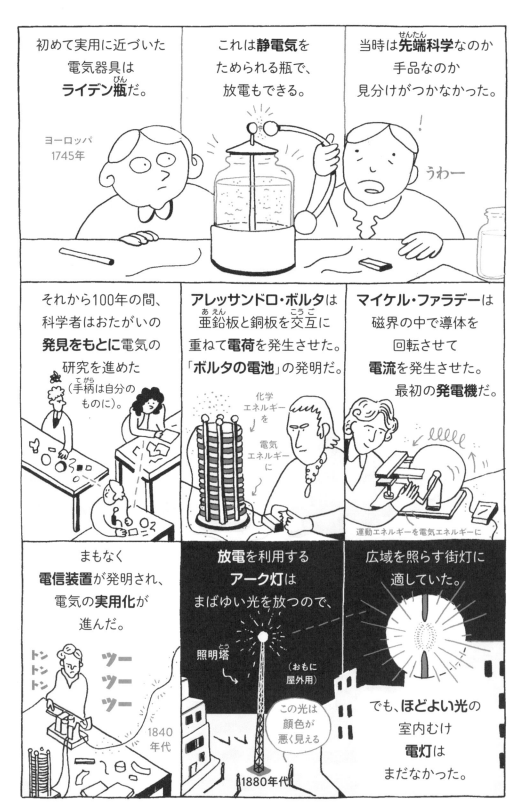

1870年代末には、たくさんの人が**30秒以上**点灯する電球を作ろうとしていた。その一人が**トマス・エジソン**だ。

若くして会社を設立したエジソンは蓄音機の発明に成功したあと、

「**10日ごとに小さい発明**」をし、「**6か月ごとに大発明**」をするのを目標に、

小学校中退

耳がよく聞こえない

ピカッ！

アメリカ初の民営研究所

仲間とともに寝る間もおしんで

試行錯誤をくり返した。

エジソンたちは電球を光らせる**炭素フィラメント**の材料を探して

世界中から植物を取り寄せた。そしてついに、

竹が一番だとわかったんだ。

温かみのあるオレンジ色の光

でも、それでおわりではなかった。

エジソンにはわかっていた。

必要なのは、**発電**から**送電**、電力消費量の**計測**までできる**システム全体**だ。

そこでさらに発明を続けた。

エジソンの
会社は最初の
商用電力システムを
建設した。

マンハッタンの
中央発電所は
半径800m内の
電球を点灯させ、

まず一流の**銀行**と
新聞社に電力を
供給した。

パールストリートの中央発電所と電力網　1882年

イースト川

ロウワー・
マンハッタン

次に必要なのは
並列回路で市内に
送電するしくみだ。

エジソンは道路を
掘らせて**24㎞**の
銅線を**埋設**した。

市民は新しい
エネルギーに
まだ**不安**を感じて
いたからだ。

電気を作るには
エジソン設計の**6基の**
大型発電機が使われ、

この発電機を
動かすのに大量の
石炭が燃やされた。

（ニューヨークでは、
まだ15万頭以上の
馬が輸送に
使われていた）

うわあ

手品だ!

エジソンの会社は
電力システムの
すべての装置を
設計、製作し、

アメリカ国内
だけでなく、
世界中に**販売**した。

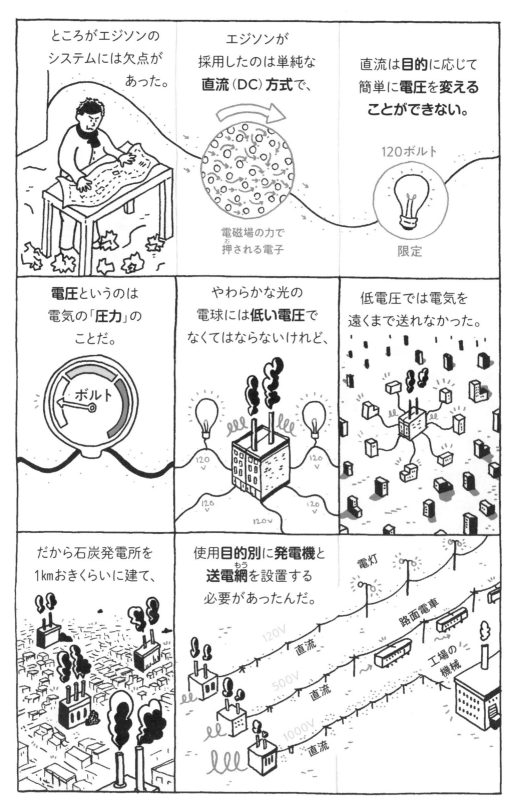

ところがエジソンの
システムには欠点が
あった。

エジソンが
採用したのは単純な
直流（DC）方式で、

電磁場の力で
押される電子

直流は**目的**に応じて
簡単に**電圧を変える
ことができない。**

120ボルト

限定

電圧というのは
電気の「**圧力**」の
ことだ。

ボルト

やわらかな光の
電球には**低い電圧**で
なくてはならないけれど、

低電圧では電気を
遠くまで送れなかった。

だから石炭発電所を
1kmおきくらいに建て、

使用**目的別**に**発電機**と
送電網を設置する
必要があったんだ。

電灯

路面電車

工場の
機械

120V　直流

500V　直流

1000V　直流

同じころ、ヨーロッパ中の科学者が別の方法を実験していた。

交流（AC）方式は導線を**流れる電子のむき**が周期的に**変わり**、

電圧を上げたり下げたりしやすい。

ここで重要な働きをするのが**変圧器だ。**

変圧器は巻き数の異なる複数の**コイル**に電流を通して

電圧を変える。

100ボルト

200ボルト

さまざまな
大きさ

大型変圧器

家庭用変圧器

電圧を変えやすい**交流（AC）**のシステムなら

高電圧で電気を**遠くまで**送り、

変圧器で**目的に合った電圧に**変えられる。

高電圧

長距離

低電圧

低電圧

短距離

両陣営はそれぞれ
システムの長所を
アピールしようとし、

おー！　　わー　　おぉー

1893年の**シカゴ万博**の
電力供給や

電灯
20万本
以上

来場者
2700万人
以上

ナイアガラの滝の
水力発電所の建設で
競争した。

ブルルル

こうして交流の便利さが
認められ、交流システムは
現在まで**使われて**いる。

3000V AC

200V AC

競争に敗れたエジソンの
会社は売却され、
社名も変更された。

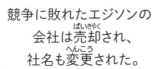

「ゼネラル・エレクトリック」
にしよう

J.P.モルガン

ヘンな
名前だな

エジソンは映画の
事業に着手し、
新しい成長産業を
独占しようとした。

ライト…カメラ…用意！

テスラは一番好きな
発明の仕事にもどった。

無線送電と無線通信の
世界システムを作る
という夢の実現だ。

未完の電波塔

でもこの構想は**進歩的**
すぎて、完成までお金を
出し続けてくれる人が
いなかったんだ。

PART

2

電気を送る：
電力システムの建設

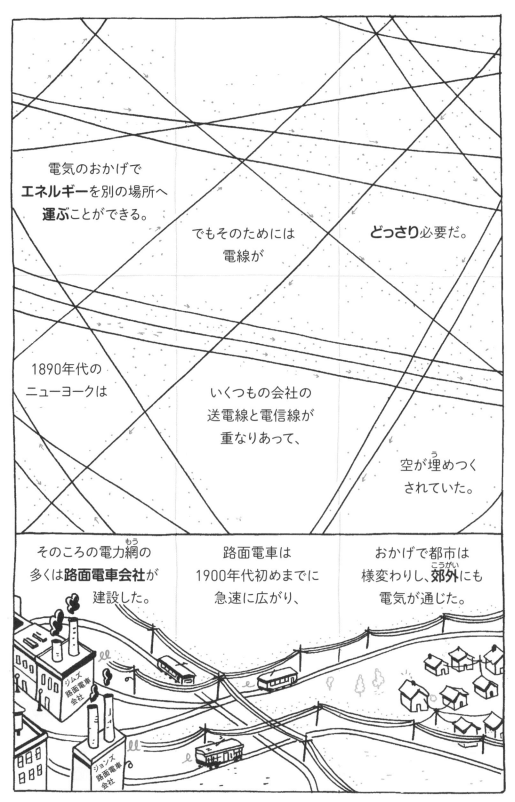

電気のおかげで
エネルギーを別の場所へ
運ぶことができる。

でもそのためには
電線が

どっさり必要だ。

1890年代の
ニューヨークは

いくつもの会社の
送電線と電信線が
重なりあって、

空が埋めつく
されていた。

そのころの電力網の
多くは**路面電車会社**が
建設した。

路面電車は
1900年代初めまでに
急速に広がり、

おかげで都市は
様変わりし、**郊外**にも
電気が通じた。

電気への関心は**高まった**けれど、それでも電気はまだ**めずらしい技術**だった。

電気自動車 1890年代
蒸気自動車
馬車
ガス自動車

何か所かの「**中央発電所**」を別にすれば、

電気は**使用する場所で**発電するのがふつうだった。

多くの国では政府が国民のために電気を導入した。

政府が便利にしてくれたね

それに対して**アメリカ**では、**民間企業**（きぎょう）が売るか

お金持ちが小型発電機で自家用に発電した。

20世紀が近づいても、電気はまだ**不思議な未来の力**で、

電気の詩を書いたエミリー・ディキンソン

進歩（しょうちょう）を象徴するあこがれのエネルギーだったけれど、

初めて電気を見た人

おおー　わあー

大衆には手がとどかなかったんだ。

ふーむ、こいつを売る方法があるはずだ

電気事業の将来性を
見抜（みぬ）いた人物が
サミュエル・インサルだ。

エジソンの会社で
働いていたインサルは、
たくさん売るほど
電気を安くできるはず
だと考えた。

「**規模の経済**」という
考え方をエネルギーに
適用したんだ。

そこで**大規模な発電所**を
建設して電気を**安く**売り、

自分で発電するよりも
買うほうがトクだと
宣伝した。

電力を必要とする時間が
利用者によって違（ちが）うので、

発電所を**昼も夜も**
稼働（かどう）させるほど
需要（じゅよう）があった。

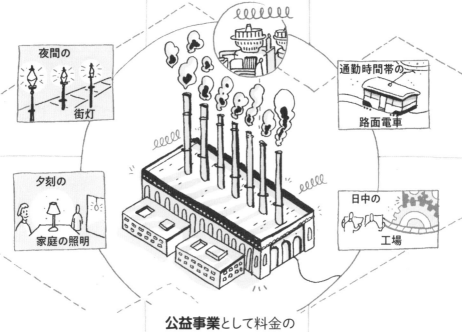

夜間の
街灯

夕刻の
家庭の照明

通勤時間帯の
路面電車

日中の
工場

インサルは競合する
電力会社を買収し、

公益事業として料金の
規制を受けるかわりに
地域独占（どくせん）を認めるよう
政府に根まわしした。

こうして**競争相手は
いなくなった**んだ。

20世紀初めのアメリカでは労働運動が激しくなり、**生活インフラを公営に**するか民営にするかが争われた。

公共サービス
労働者の権利

民間電力会社は自治体政府の干渉に反対し、

州政府に働きかけて地域の電力市場を**独占**した。

持株会社*がこれらの電力会社を傘下に入れ、

利益は少数の有力な経営者に集まった。

1920年代末には、電力事業の**75%**が

10社で占められるまでになったんだ。

インサルの資産は**1927年の500万ドル**から、**1929年**には**1億5000万ドル**にふくれ上がった。

ところがこの年に電力株は下落し、続いて**株式市場が大暴落**して、インサルの巨大な持株会社は倒産してしまった。

インサルは**大恐慌**を引き起こしたと責められてヨーロッパに逃亡した……

トットコ

が、とうとう逮捕され、アメリカで裁判にかけられた。

***持株会社**：株主として別の会社を支配する目的で株式を保有する会社のこと。複数の会社を子会社とすることで、特定の事業にとらわれずに全体としての利益を追求できる。

そのころ、

アメリカの田舎は
1930年代になっても
電気がなかった。

民間電力会社が投資に
見合う利益が見込めない
と判断したためだ。

灯油ランプ

20世紀の初めごろ、
都会と**田舎**の生活の
差は歴然としていた。

電気のない農家の
生活はきびしく、

そこに大恐慌が
追い討ちをかけた。

ゴシ　ゴシ
ゴシ
ザブ
ザブ

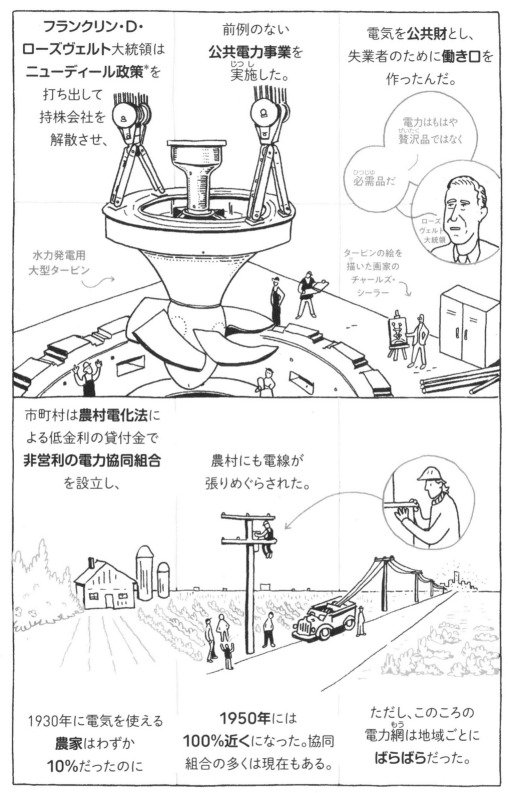

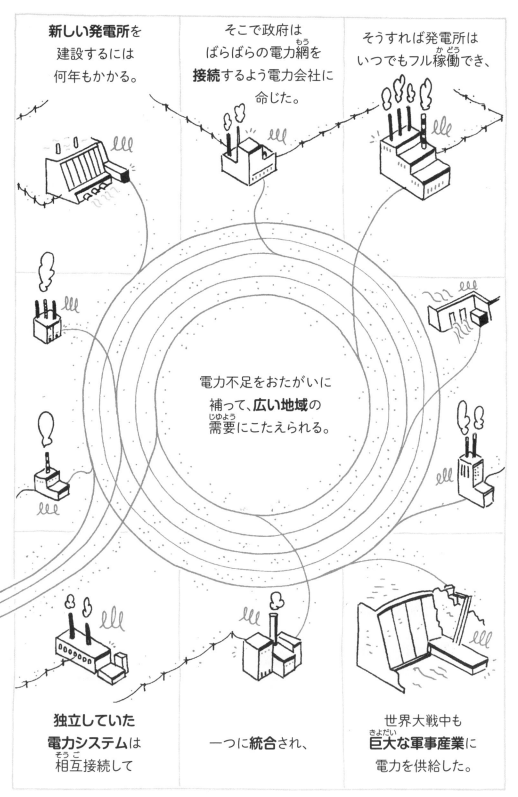

新しい発電所を
建設するには
何年もかかる。

そこで政府は
ばらばらの電力網を
接続するよう電力会社に
命じた。

そうすれば発電所は
いつでもフル稼働でき、

電力不足をおたがいに
補って、広い地域の
需要にこたえられる。

独立していた
電力システムは
相互接続して

一つに統合され、

世界大戦中も
巨大な軍事産業に
電力を供給した。

戦後の1950年代は電力にゆとりができ、
それを利用して**中流階級**に電気製品が
売りこまれた。

ゼネラル・エレクトリックなどの大手電機会社は
電気をどんどん消費する製品を取りそろえ、

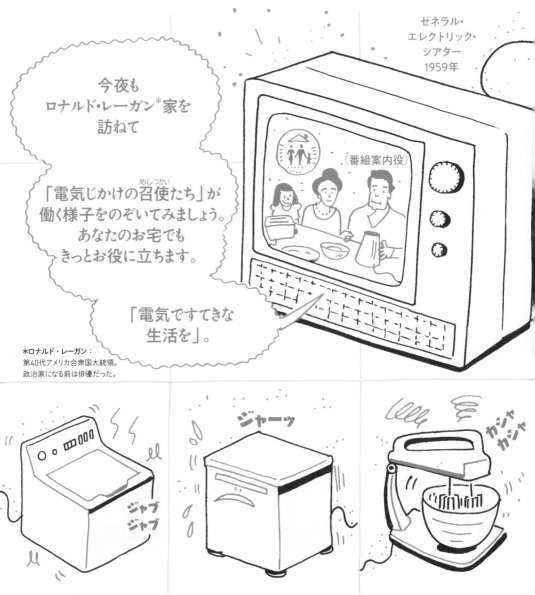

ゼネラル・
エレクトリック・
シアター
1959年

今夜も
ロナルド・レーガン＊家を
訪ねて

（番組案内役）

「電気じかけの召使たち」が
働く様子をのぞいてみましょう。
あなたのお宅でも
きっとお役に立ちます。

「電気ですてきな
生活を」。

＊ロナルド・レーガン：
第40代アメリカ合衆国大統領。
政治家になる前は俳優だった。

ジャーッ

カシャ
カシャ

ジャブ
ジャブ

係員に家庭を訪問させて、
電気製品のある豊かな暮らしのアドバイスをした。

1960年代は、電気製品にかこまれた家庭生活が
アメリカの経済と文化の象徴になったんだ。

家庭や工場に電力を供給する電力システムは
初めから完成図があったわけではない。少しずつ延長され、広がっていった。

1918年

長距離の送電網は電力**需要の大きい**地域にエネルギーを送るために
建設された。まず主要都市へ、

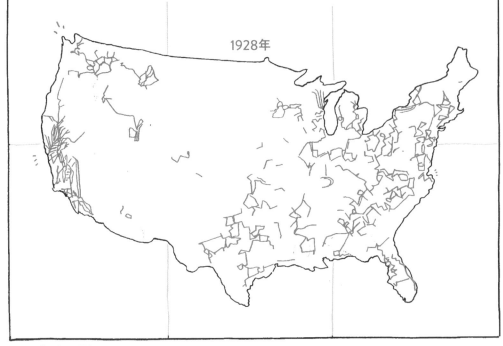

1928年

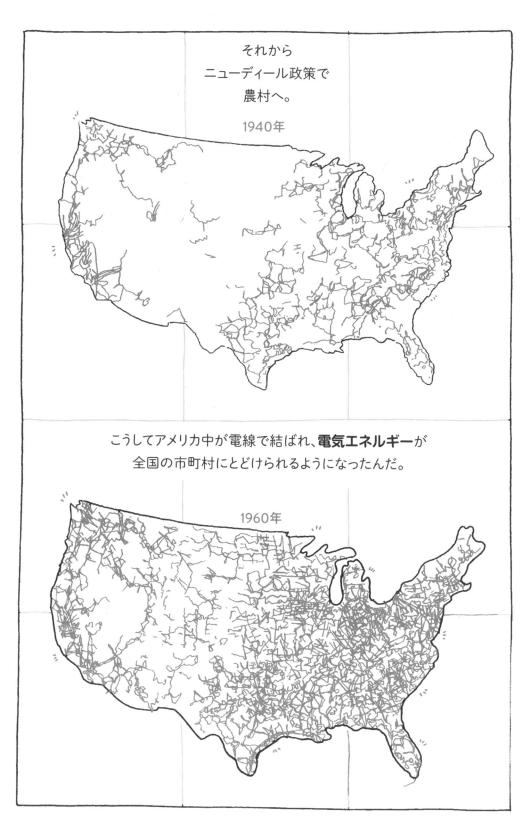

それから
ニューディール政策で
農村へ。

1940年

こうしてアメリカ中が電線で結ばれ、**電気エネルギー**が
全国の市町村にとどけられるようになったんだ。

1960年

今日、アメリカとカナダは2つの大規模な電力システムを共有している。**東部相互接続**と**西部相互接続**だ。

このほかに**テキサス州、ケベック州、アラスカ州、プエルトリコ自治連邦区**に

それより規模の小さい電力システムがあって、必要なときは電力を送りあっている。

西部相互接続

アラスカ

ハワイ

テキサス
相互接続

ただし州境を越える送電は**連邦政府**が規制し、

システムの**建設**と**メンテナンス**は州が管轄しているため、

電力システムの**パッチワーク状態**は解消していない。

各電力システムでは、電気は地域のはしからはしまで**スムーズに流れて**いる。

トロントからマイアミまで、**電気技師**が

60ヘルツ*の交流電流を全域で**同期調整**しているからだ。

東部相互接続

ケベック
相互接続

同期調整@**60**Hz

プエルトリコ自治連邦区

66区域の電力システムはそれぞれ**管理組織**が監視し、

地域に安定供給するために

さまざまな発電エネルギーを使って十分な電気を作っている。

* 60ヘルツ：交流はプラスとマイナスの電気が周期的に入れ替わる。1秒間に入れ替わる回数を周波数といい、60ヘルツはその回数が60回ということ。

PART

3

電気を作る： 発電と発電エネルギー

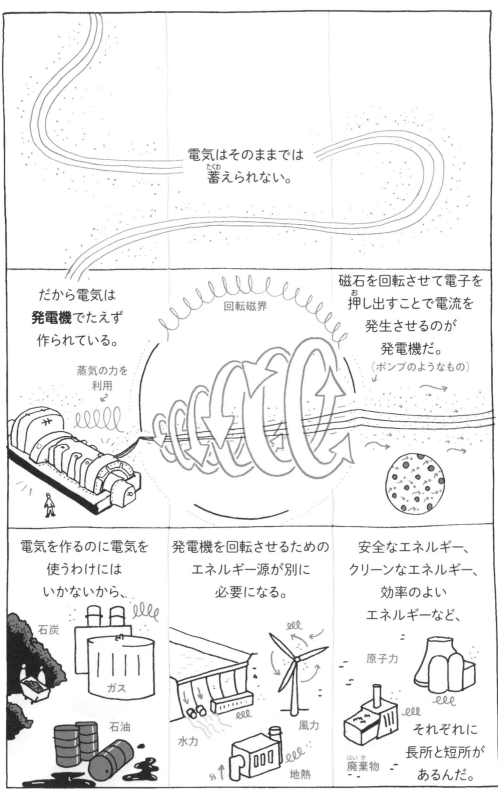

電気はそのままでは
蓄(たくわ)えられない。

だから電気は
発電機でたえず
作られている。

回転磁界

磁石を回転させて電子を
押(お)し出すことで電流を
発生させるのが
発電機だ。
（ポンプのようなもの）

蒸気の力を
利用

電気を作るのに電気を
使うわけには
いかないから、

石炭

ガス

石油

発電機を回転させるための
エネルギー源が別に
必要になる。

水力

風力

地熱

安全なエネルギー、
クリーンなエネルギー、
効率のよい
エネルギーなど、

原子力

廃棄物(はいき)

それぞれに
長所と短所が
あるんだ。

初めのころの電気機器は
電池で動かした。

化学エネルギーの
形で蓄える

電池は物質の
化学反応を
利用して電流を
発生させるから、

銅
電解質
亜鉛（あ えん）

大きい機械を動かすには
化学物質が**たくさん**
必要になる。

こりゃ
うまくないな

エジソンは
中央発電所の
6基の大型発電機で
数千個の電球に
電気を供給した。

電流

ブルブル

発電機をまわすには
ボイラーと
蒸気機関を使い、

ブルブル

蒸気

それを24時間
動かすために、石炭を
何トンも燃やしたんだ。

熱

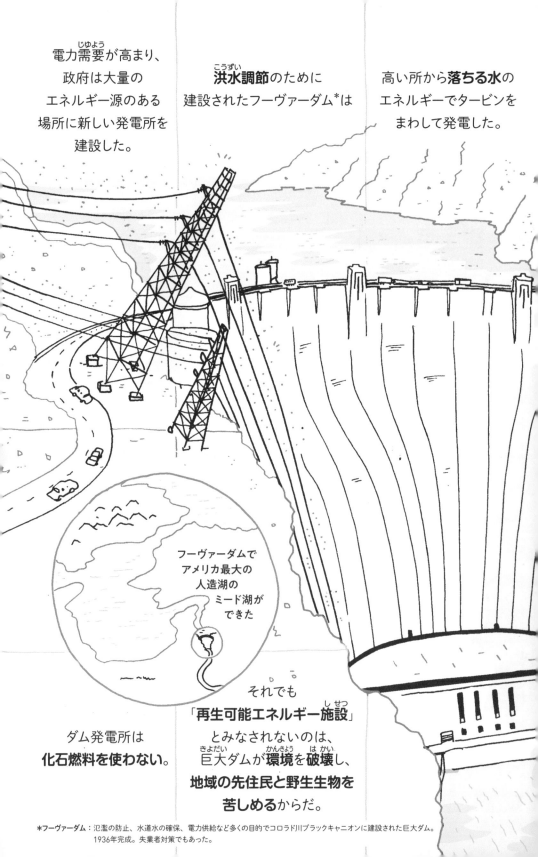

電力需要が高まり、政府は大量のエネルギー源のある場所に新しい発電所を建設した。

洪水調節のために建設されたフーヴァーダム*は

高い所から**落ちる水**のエネルギーでタービンをまわして発電した。

フーヴァーダムでアメリカ最大の人造湖のミード湖ができた

それでも「**再生可能エネルギー施設**」とみなされないのは、巨大ダムが**環境**を**破壊**し、**地域の先住民と野生生物を苦しめる**からだ。

ダム発電所は**化石燃料を使わない。**

*フーヴァーダム：氾濫の防止、水道水の確保、電力供給など多くの目的でコロラド川ブラックキャニオンに建設された巨大ダム。1936年完成。失業者対策でもあった。

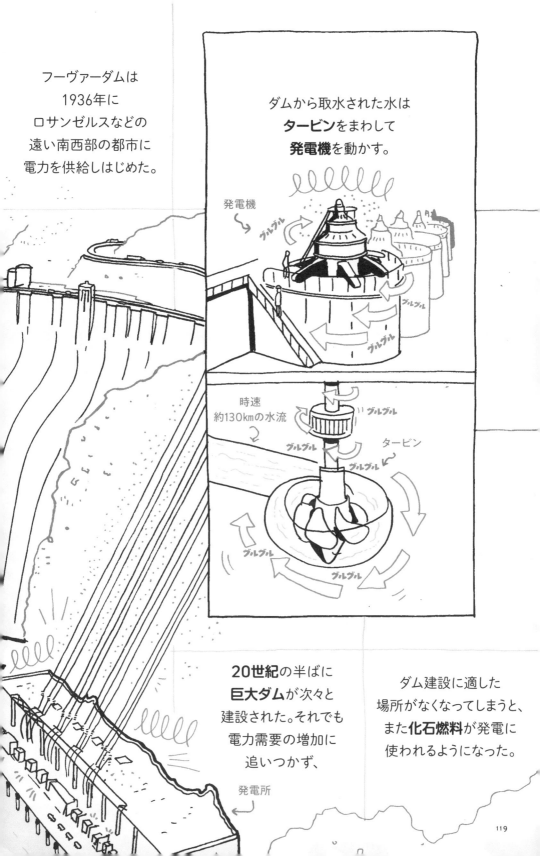

フーヴァーダムは
1936年に
ロサンゼルスなどの
遠い南西部の都市に
電力を供給しはじめた。

ダムから取水された水は
タービンをまわして
発電機を動かす。

発電機

ブルブル

ブルブル

ブルブル

時速
約130kmの水流

ブルブル

ブルブル

タービン

ブルブル

ブルブル

ブルブル

20世紀の半ばに
巨大ダムが次々と
建設された。それでも
電力需要の増加に
追いつかず、

発電所

ダム建設に適した
場所がなくなってしまうと、
また**化石燃料**が発電に
使われるようになった。

化石燃料はおもに
石炭、石油、天然ガスの
ことで、

光合成で
炭素が
作られる

**大むかしの枯れた
植物や動物の死骸**が
地中で圧縮されてできる。
でも、そのおおもとは

ギュッ

太陽エネルギーなんだ。
動物は植物を食べ、
植物は光合成を
するからね。

ギュッ

石炭はよく燃えるので、
人間は数千年も前から
石炭を掘っていた。

ザクッ

地球で最も豊富な化石
燃料だから、あまり費用
をかけずに利用できる。

今日では、企業や政府が
大規模な設備を作って
採掘している。

採取された石炭は
鉄道で**輸送**され、

ドーン

石炭列車

粉末状の
石炭

屋外に貯蔵される。
出番がくると燃やされて、

蒸気に
する水

その熱で蒸気タービンと
発電機を動かして
電気が作られる。

燃やして
熱源に

蒸気を

発生させ

タービンと

発電機を
まわす

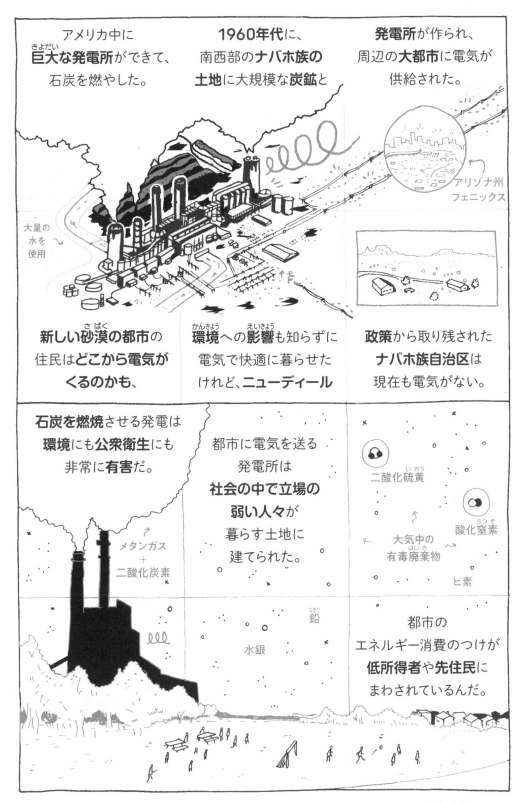

アメリカ中に**巨大な発電所**ができて、石炭を燃やした。

1960年代に、南西部の**ナバホ族の土地**に大規模な**炭鉱**と

発電所が作られ、周辺の**大都市**に電気が供給された。

アリゾナ州
フェニックス

大量の水を使用

新しい**砂漠の都市**の住民は**どこから電気がくるのかも**、

環境への**影響**も知らずに電気で快適に暮らせたけれど、**ニューディール**

政策から取り残された**ナバホ族自治区**は現在も電気がない。

石炭を**燃焼**させる発電は**環境**にも**公衆衛生**にも非常に**有害**だ。

都市に電気を送る発電所は**社会の中で立場の弱い人々**が暮らす土地に建てられた。

二酸化硫黄

酸化窒素

大気中の有毒廃棄物

ヒ素

メタンガス
＋
二酸化炭素

鉛

水銀

都市の**エネルギー消費**のつけが**低所得者**や**先住民**にまわされているんだ。

原子力発電所は1960年代から70年代に数多く建設された。

原子力は大量に発電できる**クリーンな**エネルギーだ。でも、燃料の**ウランの採掘**は健康被害の危険が大きい。

水蒸気

冷却塔

それに原子力は**原子爆弾と事故の大惨事**を連想させる。

※原発は本当はこんなふうに爆発しない

原子炉はおもにゼネラル・エレクトリック社製かウェスティングハウス社製

3000MW

原子炉

原子力発電所は建設費が**高額**で、**規制も厳しい。核廃棄物**の長期保管の問題は解決のめどさえ立たない。だからアメリカでは**新しい**原発は**めったに建設されない**んだ。

蒸気の力でタービンをまわすのは火力発電と同じでも、原子力発電は

燃料に**濃縮ウラン**のペレットを使用

二酸化炭素（CO_2）排出量の少ないハイテクな方法だ。

原子炉

蒸気

タービン

発電機

ブルブル

ブルブル

アメリカの**電力量**の**約20％**は**約100基**の**原子炉**でまかなわれている。世界では**30か国以上**で原子力発電所が稼働している。

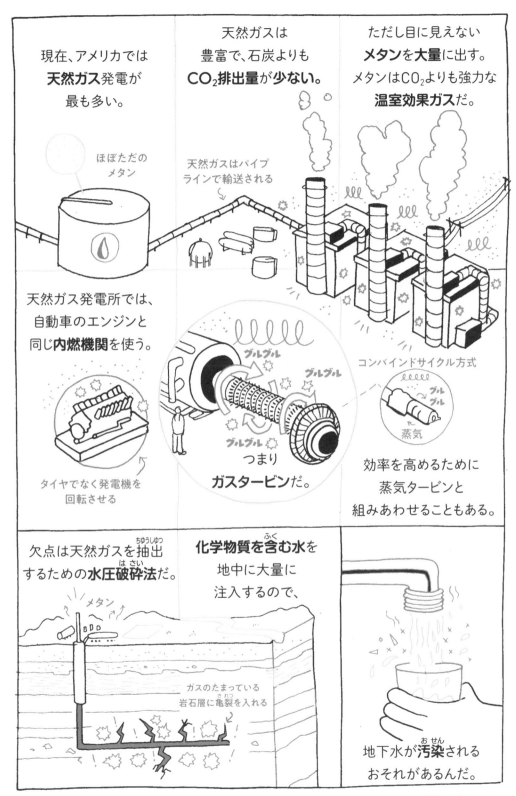

現在、アメリカでは**天然ガス**発電が最も多い。

天然ガスは豊富で、石炭よりも**CO_2排出量**が**少ない**。

ただし目に見えない**メタン**を**大量**に出す。メタンはCO_2よりも強力な**温室効果ガス**だ。

ほぼただのメタン

天然ガスはパイプラインで輸送される

天然ガス発電所では、自動車のエンジンと同じ**内燃機関**を使う。

ブルブル ブルブル ブルブル

つまり**ガスタービン**だ。

タイヤでなく発電機を回転させる

コンバインドサイクル方式

ブルブル 蒸気

効率を高めるために蒸気タービンと組みあわせることもある。

欠点は天然ガスを抽出するための**水圧破砕法**だ。

化学物質を含む水を地中に大量に注入するので、

メタン

ガスのたまっている岩石層に亀裂を入れる

地下水が**汚染**されるおそれがあるんだ。

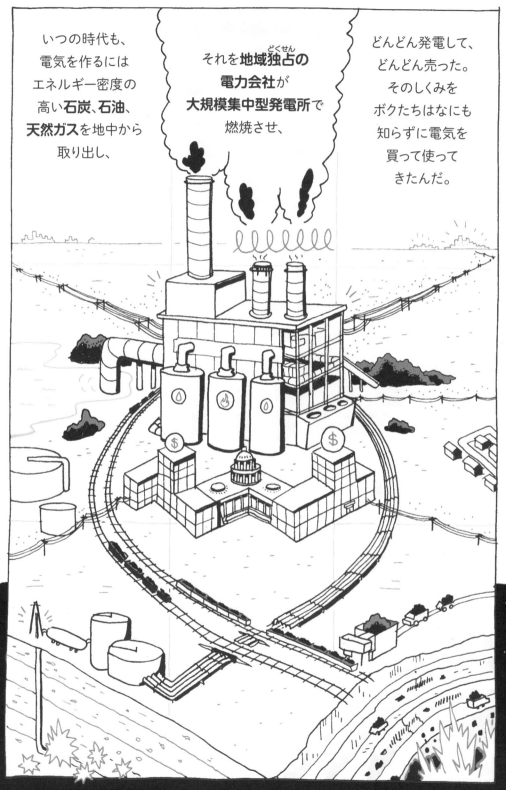

いつの時代も、
電気を作るには
エネルギー密度の
高い**石炭、石油、
天然ガス**を地中から
取り出し、

それを**地域独占の
電力会社**が
大規模集中型発電所で
燃焼させ、

どんどん発電して、
どんどん売った。
そのしくみを
ボクたちはなにも
知らずに電気を
買って使って
きたんだ。

電力会社は需要に応じるために3タイプの発電設備を使い分けている。

一定の電力を継続して供給できる設備、電力量を調節するための設備、

需要のピーク時に稼働させる設備だ。

大規模石炭発電所

3000MW
（超高出力）

「設備容量」

最大発電可能量
単位：キロワット（kW）
またはメガワット（MW）
1000kW＝1MW

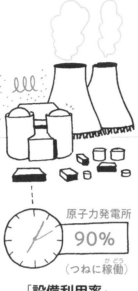

原子力発電所

90%
（つねに稼働）

「設備利用率」

実際の発電量と
最大発電可能量の比

ピーク電源
応動時間が
短く、需要の
ピーク時に
対応

ベース電源
応動時間が
長く、常時
電力を供給

「応動時間」

指定された出力値に
到達するのに要する時間

でも2000年代になって

環境配慮を重視した政策がとられ、

新技術も登場して、電力生産のあり方が変わってきたんだ。

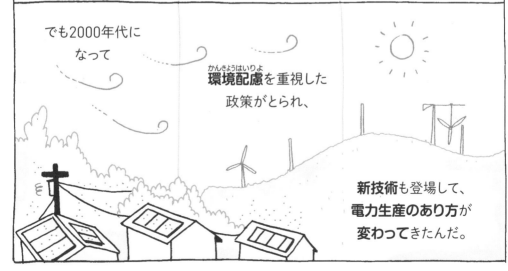

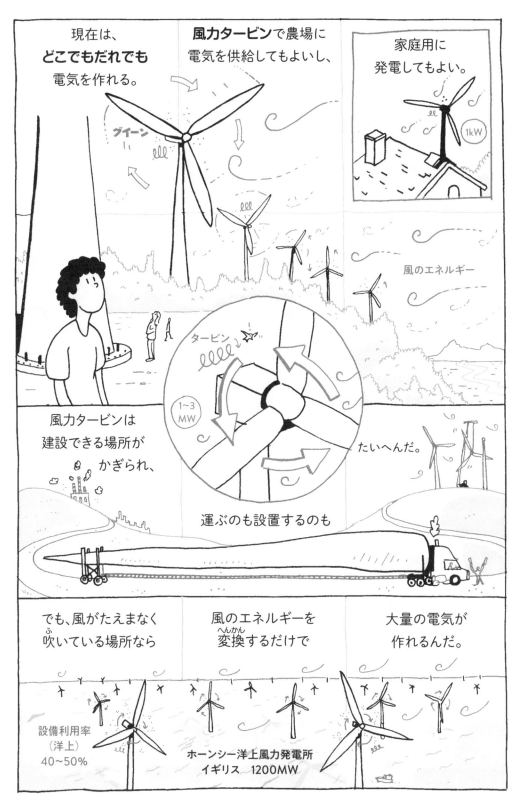

現在は、
どこでもだれでも
電気を作れる。

風力タービンで農場に
電気を供給してもよいし、

家庭用に
発電してもよい。

1kW

グイーン

風のエネルギー

タービン

1~3
MW

風力タービンは
建設できる場所が
かぎられ、

たいへんだ。

運ぶのも設置するのも

でも、風がたえまなく
吹いている場所なら

風のエネルギーを
変換するだけで

大量の電気が
作れるんだ。

設備利用率
（洋上）
40~50%

ホーンシー洋上風力発電所
イギリス　1200MW

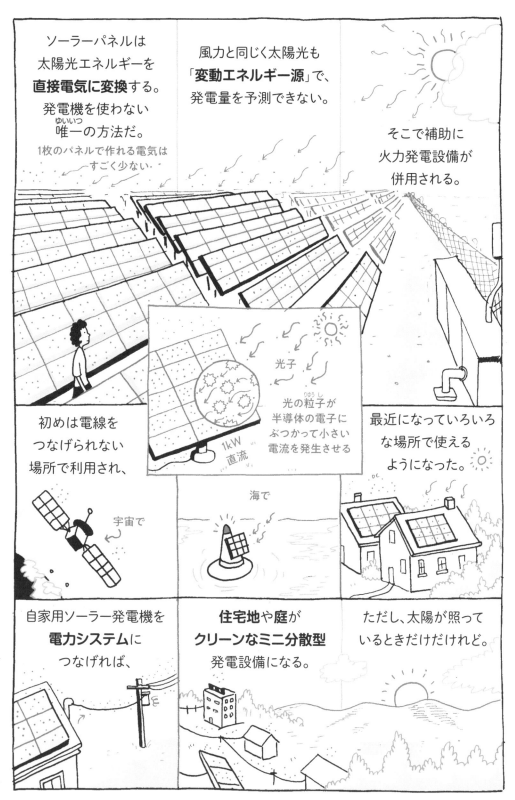

ソーラーパネルは
太陽光エネルギーを
直接電気に変換する。
発電機を使わない
唯一(ゆいいつ)の方法だ。
1枚のパネルで作れる電気は
すごく少ない

風力と同じく太陽光も
「**変動エネルギー源**」で、
発電量を予測できない。

そこで補助に
火力発電設備が
併用される。

光子
光の粒子(りゅうし)が
半導体の電子に
ぶつかって小さい
電流を発生させる

1kW
直流

初めは電線を
つなげられない
場所で利用され、

宇宙で

海で

最近になっていろいろ
な場所で使える
ようになった。

自家用ソーラー発電機を
電力システムに
つなげれば、

住宅地や**庭**が
クリーンなミニ分散型
発電設備になる。

ただし、太陽が照って
いるときだけだけれど。

電力会社は電力の安定供給のために、**利用しやすさ**からいくつかのエネルギー源を**組みあわせ**ている。

北西部では豊富に使える水力に

天然ガスを組みあわせている。

カリフォルニアはおもに天然ガスを利用しつつ、

蓄電池で補助しながら太陽光と風力による発電を増やしている。

風力を利用しやすいのは大平原が広がるアイオワ州やカンザス州だ。

五大湖の周辺にある
多数の原子力発電所は

石炭も使う。

ウェストヴァージニア州の
発電所では
ほぼ石炭だけ。

カチッ

電力会社は**石炭**の
使用を年々**減らし、**
CO$_2$排出量の少ない
（はいしゅつ）
再生可能なエネルギーの
割合を増やしている。

それでもどの
発電方法も、
人間と環境に
（かんきょう）
なんらかの悪い影響を
（えいきょう）
およぼす。

ボクたちはその**影響を
すっかり**知ることは
できないから、
どうしたら**電気の
使用量を減らせる**かを
考えるのがとても
大切なんだ。

PART

4

電力需給バランス：
配電と需要

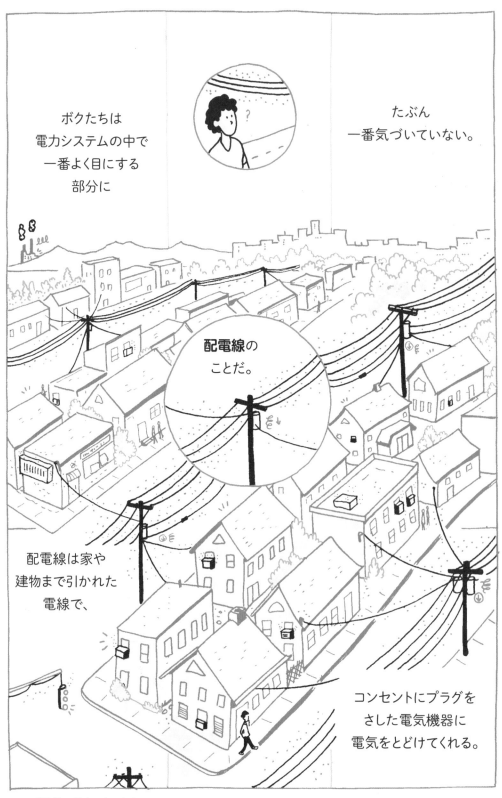

ボクたちは
電力システムの中で
一番よく目にする
部分に

たぶん
一番気づいていない。

配電線の
ことだ。

配電線は家や
建物まで引かれた
電線で、

コンセントにプラグを
さした電気機器に
電気をとどけてくれる。

郊外や田舎では、電線は**電柱**に支えられている。

長距離高圧送電線

電圧が高いほど**碍子***が大きい

高圧線

家庭用やオフィス用に低電圧に変圧

低圧線

電話線の幹線の接続部

手書きの伝言板

一番下が電話線

まっすぐな木が使われる

都市では**地下**に埋設されている。

この点ではエジソンは正しかったね

ニューヨーク市はエジソンの時代から大きく変わった。

いまでは25万個のマンホールと約13万kmのケーブルが設置され、

平均8000**MW**（メガワット）の電力を供給し続けている。夏はもっとだ。

---

*碍子：電線とその支持物（電柱や鉄塔）の間を絶縁するもの。碍子がないと電気が支持物を通って地面に漏れてしまう。

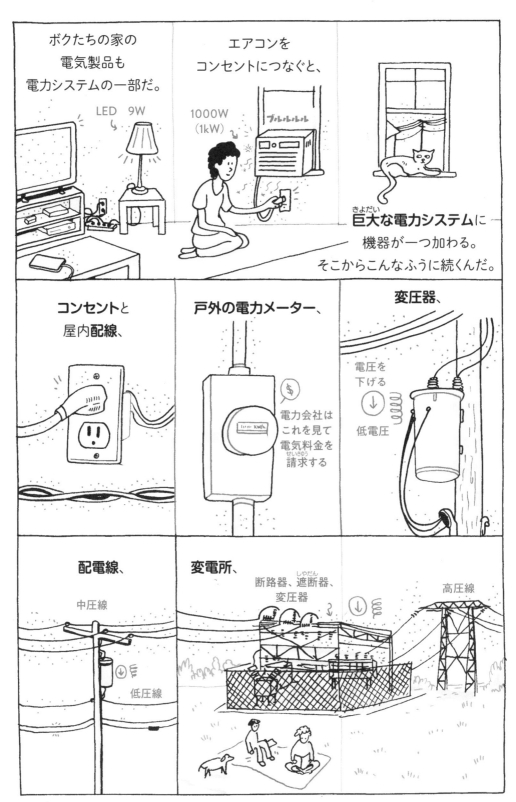

ボクたちの家の
電気製品も
電力システムの一部だ。

LED 9W

エアコンを
コンセントにつなぐと、

1000W
（1kW）

プルルルル

巨大な電力システムに
きょだい

機器が一つ加わる。
そこからこんなふうに続くんだ。

コンセントと
屋内配線、

戸外の電力メーター、

電力会社は
これを見て
電気料金を
請求する
せいきゅう

変圧器、

電圧を
下げる

低電圧

配電線、

中圧線

低圧線

変電所、

断路器、遮断器、
しゃだん
変圧器

高圧線

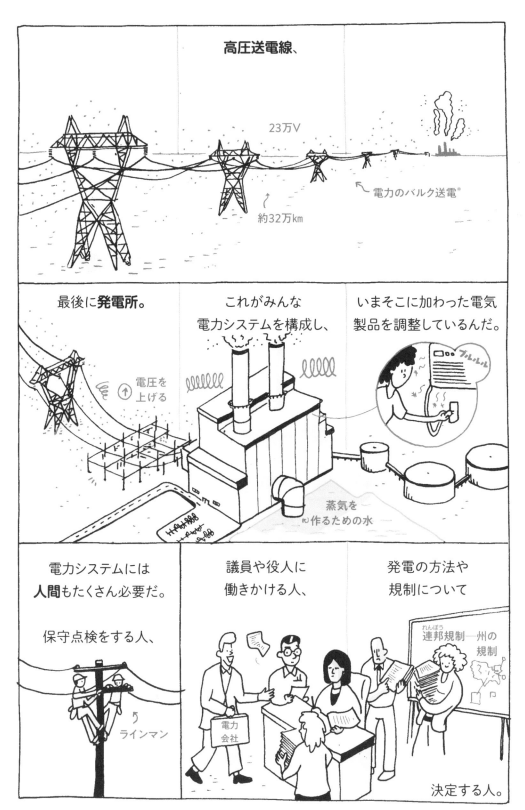

*バルク送電：経済的、効率的に電力供給することを目的に、電力損失をおさえながら大量の電力を長距離にわたって一度に移動させること。

24時間体制で

電力の需給(じゅきゅう)バランスを
管理している人たちも
いる。

電気の消費と供給を
「同時同量」に
するためだ。

59.9
HZ

この仕事をするのは
地域に電力を
供給する**電力会社**や

買電と売電をする
非営利組織などの

需給調整部門
（BA）だ。

発電所で作る電力を

地域内の家庭やオフィス
や工場で使われる電力と

同じときに
同じ量にするのが
とても重要なんだ。

管轄区域が
決まっていて自治体と
国際機関の規制に
したがうけれど、

BAの業務は同じ。

発電量を消費量に
一致させて、電力の
需給バランスを
保つことだ。

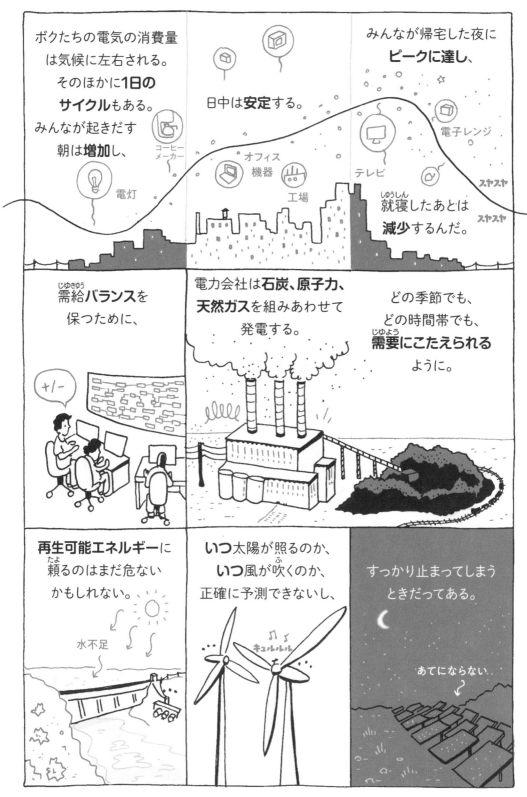

大きい蓄電池は余った電力を**化学エネルギーにして**蓄え、

必要なときに電力システムにもどしてやることができる。

ブーン　ブーン　ブーン　ブーン

ところが蓄電池にも**環境負荷**があるし、

コバルト
ニッケル
リチウム

発電所のかわりになるほどの電気はためられない。いまはまだ。

エネルギーを蓄えるうまい方法はいろいろある。

揚水発電は電力に**余剰**があるときに水を高い所にくみ上げ、

余剰電力で水をくみ上げる

上部貯水池

水をためておく

需要の**ピーク時**に**水を流して**発電機を動かす。

下部貯水池

家庭の蓄電池や**電気自動車**のバッテリーを接続するという構想もある。

この電気を集めて需要のあるところに配電すれば、

眠っている電力を活用する**仮想発電所**になるだろう。

電力システムをインターネットにつないで、エネルギー消費を減らすことも考えられる。

電気をたえず作らなくてもよくなるんだ。

たとえば、電力会社は**電力にゆとりがある**ときにだけ消費者に電気を送り、

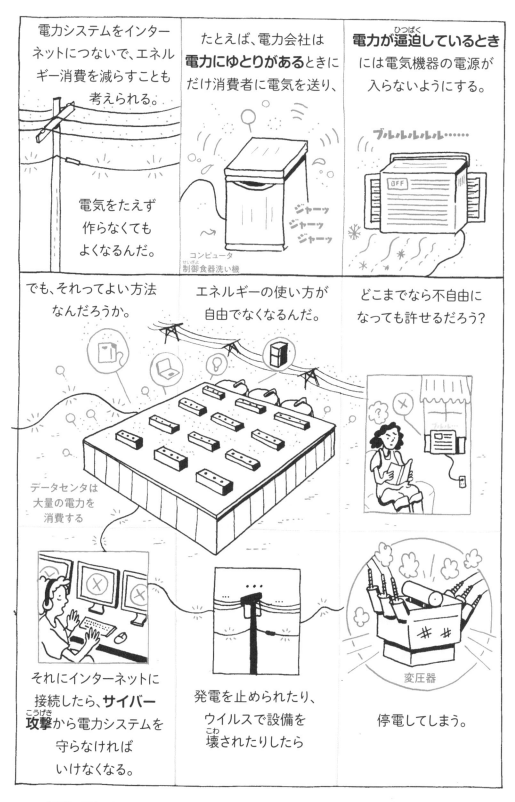

コンピュータ
制御食器洗い機

ジャーッ
ジャーッ
ジャーッ

電力が逼迫しているときには電気機器の電源が入らないようにする。

ブルルルルル……

OFF

でも、それってよい方法なんだろうか。

エネルギーの使い方が自由でなくなるんだ。

どこまでなら不自由になっても許せるだろう?

データセンタは大量の電力を消費する

それにインターネットに接続したら、**サイバー攻撃**から電力システムを守らなければいけなくなる。

発電を止められたり、ウイルスで設備を壊されたりしたら

変圧器

停電してしまう。

マイクログリッドを導入している地域もある。

自治体や大学や家庭の発電設備をネットワーク化し、

必要に応じて接続したり切り離したりできる

小規模電力網のことだ。

大規模な電力システムのない場所にはぜひとも必要だろう。でも、

これがあれば公共の電力システムはもう不要ということにはならない。

かぎられた人しか電気を使えない時代に逆もどりしてはいけないし、

19世紀の屋敷

自家用発電機

システムの統合や再生可能エネルギーの利用を進めながら

電力システムをよりよいものにする取り組みはこれからも必要なんだ。

いつでも、だれでも、どこでも、

環境破壊と無縁なエネルギーを使えるようにするために。

蓄電池

PART 5 まとめ

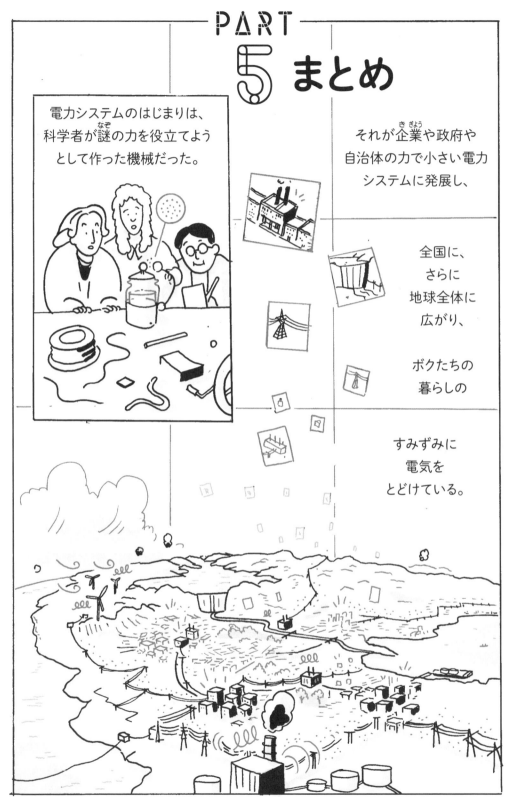

電力システムのはじまりは、
科学者が謎の力を役立てよう
として作った機械だった。

それが企業や政府や
自治体の力で小さい電力
システムに発展し、

全国に、
さらに
地球全体に
広がり、

ボクたちの
暮らしの

すみずみに
電気を
とどけている。

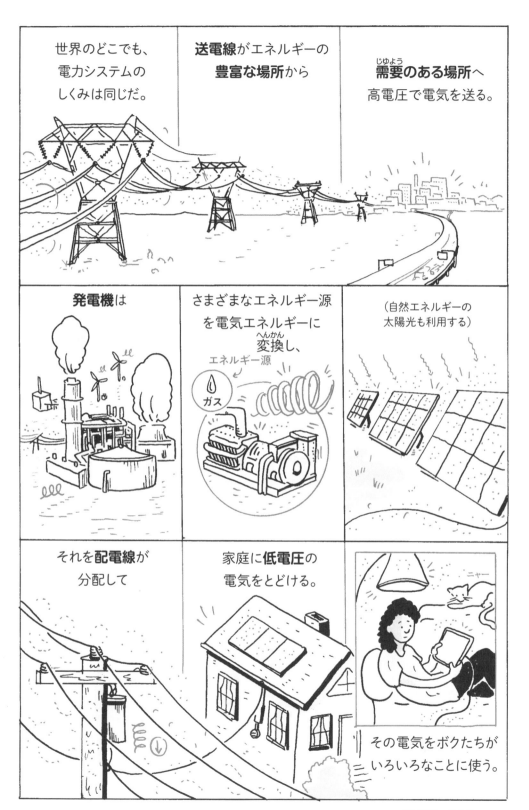

世界のどこでも、電力システムのしくみは同じだ。

送電線がエネルギーの**豊富な場所**から

需要のある場所へ高電圧で電気を送る。

発電機は

さまざまなエネルギー源を電気エネルギーに**変換**し、

エネルギー源

ガス

（自然エネルギーの太陽光も利用する）

それを**配電線**が分配して

家庭に**低電圧**の電気をとどける。

ニャー

その電気をボクたちがいろいろなことに使う。

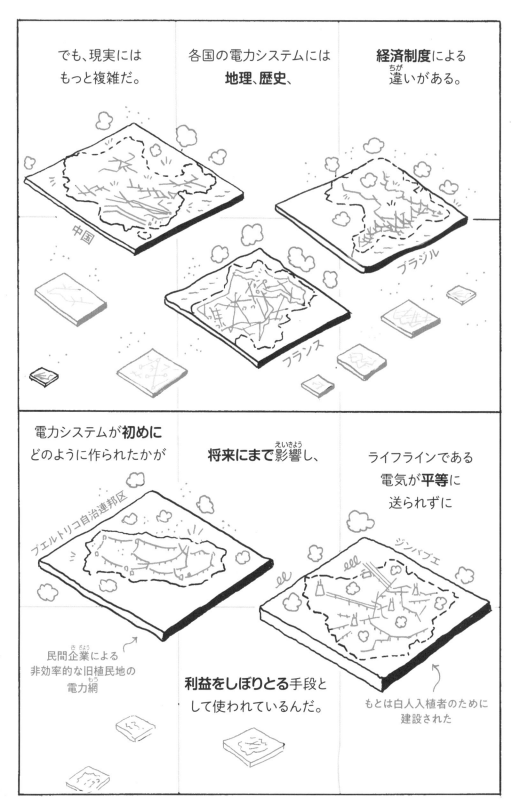

でも、現実には
もっと複雑だ。

各国の電力システムには
地理、歴史、

経済制度による
違いがある。

中国

ブラジル

フランス

電力システムが**初めに**
どのように作られたかが

将来にまで影響し、

ライフラインである
電気が**平等**に
送られずに

プエルトリコ自治連邦区

ジンバブエ

民間企業による
非効率的な旧植民地の
電力網

利益をしぼりとる手段と
して使われているんだ。

もとは白人入植者のために
建設された

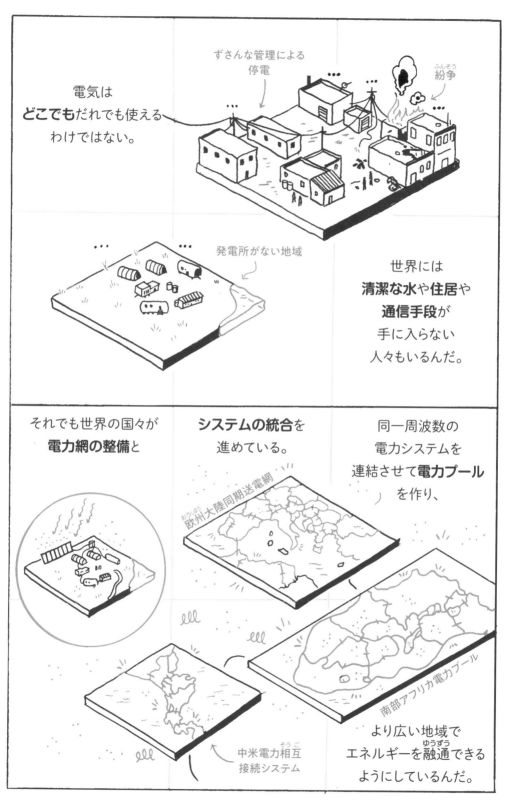

電気は
どこでもだれでも使える
わけではない。

ずさんな管理による
停電

紛争

発電所がない地域

世界には
清潔な水や**住居**や
通信手段が
手に入らない
人々もいるんだ。

それでも世界の国々が
電力網の整備と

システムの統合を
進めている。

同一周波数の
電力システムを
連結させて**電力プール**
を作り、

欧州大陸同期送電網

南部アフリカ電力プール

中米電力相互
接続システム

より広い地域で
エネルギーを融通できる
ようにしているんだ。

もっと深刻な問題は
発電が地球におよぼす
影響だ。

発電は地球温暖化の
一因である**温室効果
ガスの最大の
発生源**なんだ。

産業界は化石燃料への
投資を続け、

世界で最も弱い立場に
ある人々を

汚染と気候変動の
すさまじい影響に
さらしている。

でも、この2つの
危機、

電力システムの老朽化と
地球温暖化は

同じ行動で解決を
目ざせるだろう。

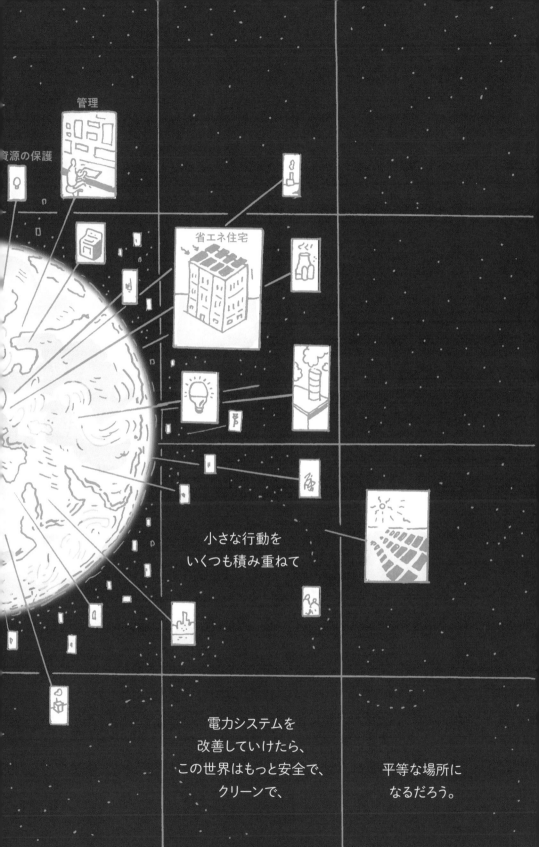

管理

資源の保護

省エネ住宅

小さな行動を
いくつも積み重ねて

電力システムを
改善していけたら、
この世界はもっと安全で、
クリーンで、

平等な場所に
なるだろう。

ミシシッピ川をところどころまっすぐにして、
家を建てる場所や生活に適した土地が作られた。
そういう場所で川は時々氾濫する。
「氾濫」という言葉を私たちは使うけれども、
川は氾濫しているのではなく記憶しているのだ。
そこがどんなところだったかを覚えておこうとしているのである。
すべての水は完璧な記憶をもっていて、
どこまでももとの場所へもどろうとする。

—— トニ・モリスン（アメリカの作家、1931-2019）

第 **3** 部

水のシステム

Waterworks

水は地球をどんなふうに
めぐっているんだろう?

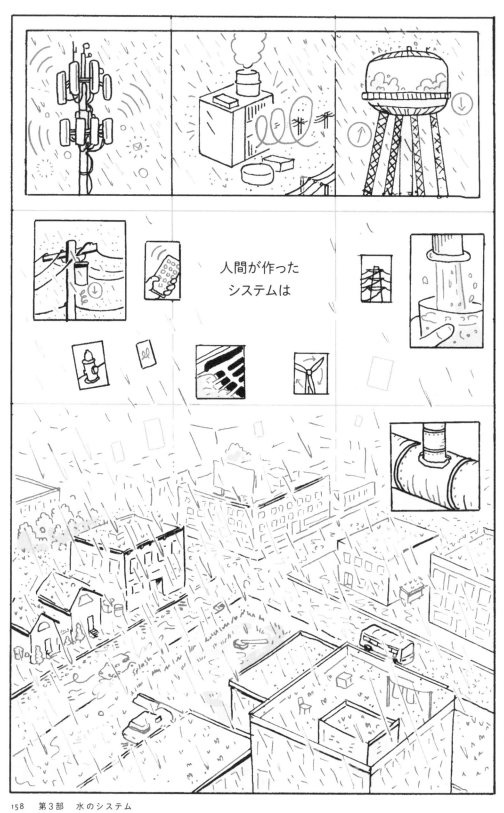

人間が作った
システムは

地球のシステムは、核から大気まで

全部が押したり引いたりしながら

おわりなく連動している。

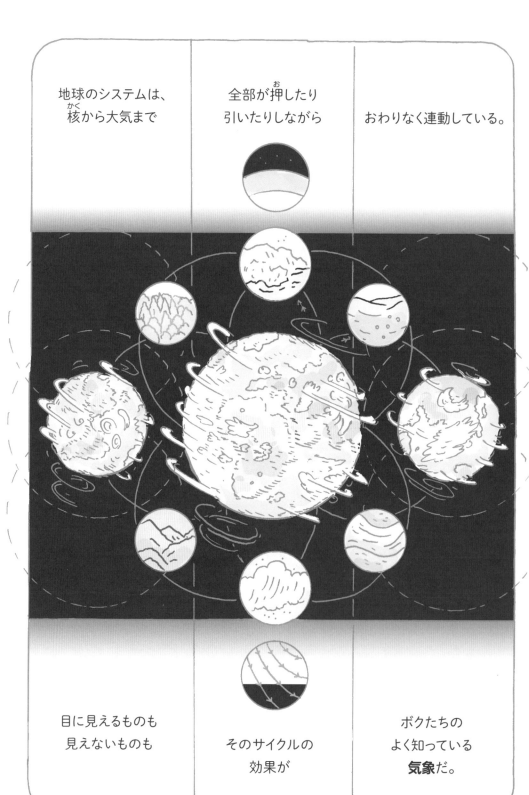

目に見えるものも見えないものも

そのサイクルの効果が

ボクたちのよく知っている**気象**だ。

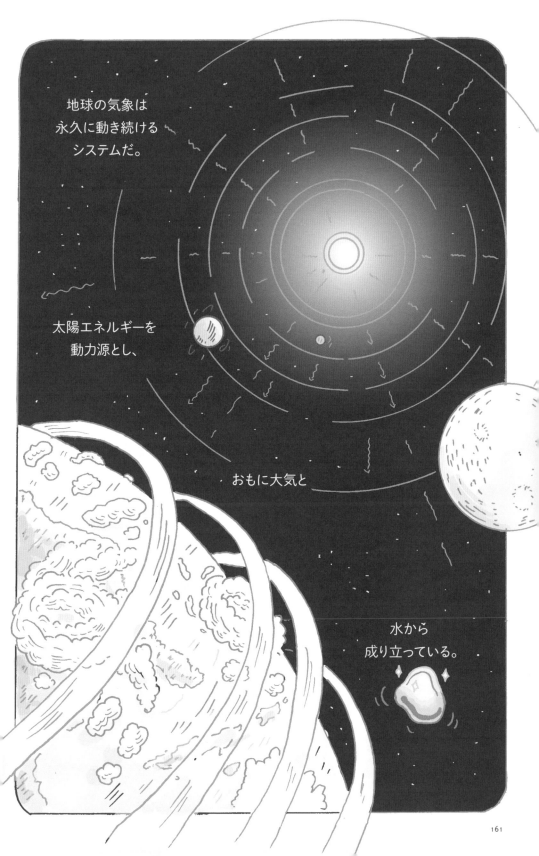

地球の気象は
永久に動き続ける
システムだ。

太陽エネルギーを
動力源とし、

おもに大気と

水から
成り立っている。

水なんて

ありふれていると

思う人も

いるだろう。

自然な味 ↗

「まろやか」

炭酸水のほうがいいな

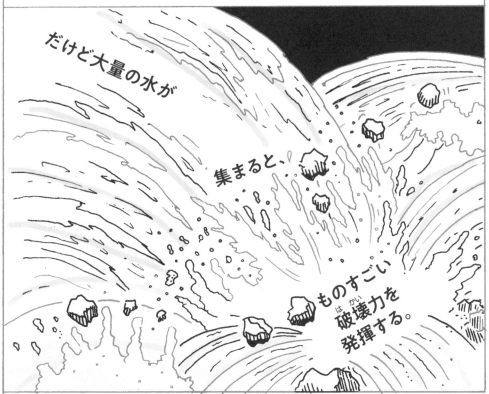

だけど大量の水が

集まると、

ものすごい
破壊力を
発揮する。

水は形のない神秘的な物質だ。

すべての生命を支えている。

どの産業にも
欠かせない貴重な
資源でもある。

紙や
ジーンズや
回路を
作るのにも、

廃棄物を
処理するのにも、
水が使われる。

発電するのにも、

水は人間にとって**なくてはならない**ものだ。

新鮮できれいな水はそれだけで美しい。

人間は**必要なだけの**水がある場所に**住んできた。**

でも、水を手に入れるには、

人間の作ったシステムと自然のシステムの

水の設備

微妙なバランスをとるのが大切なんだ。

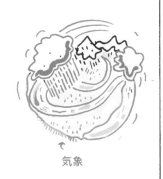

気象

今日、この2つのシステムは

すべての**人と地域**に

平等に水をもたらしてはくれ**ない。**

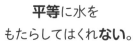

そして、その**格差**はますます広がっている。

ボクたちの生活を
支える**水道**は

エネルギー

トイレ

料理

<ruby>栽培<rt>さいばい</rt></ruby>

シャワー

飲み水

その土地の
気候サイクルに
合わせて作られた。

ところが地球の**温暖化が**
進み、異常気象が<ruby>頻繁<rt>ひんぱん</rt></ruby>に
発生して

水が多すぎたり
足りなかったりする
危険が

高まっている。

水と人間の関係は
語りつくせないほど深い。

水のサイクルという<ruby>巨大<rt>きょだい</rt></ruby>
な自然のシステムに起こ
っていることを知るには

地球規模で見るのが
よさそうだ。

PART

1

地球の水：
循環と規模

ビッグバン
（宇宙のはじまり）
140億年前

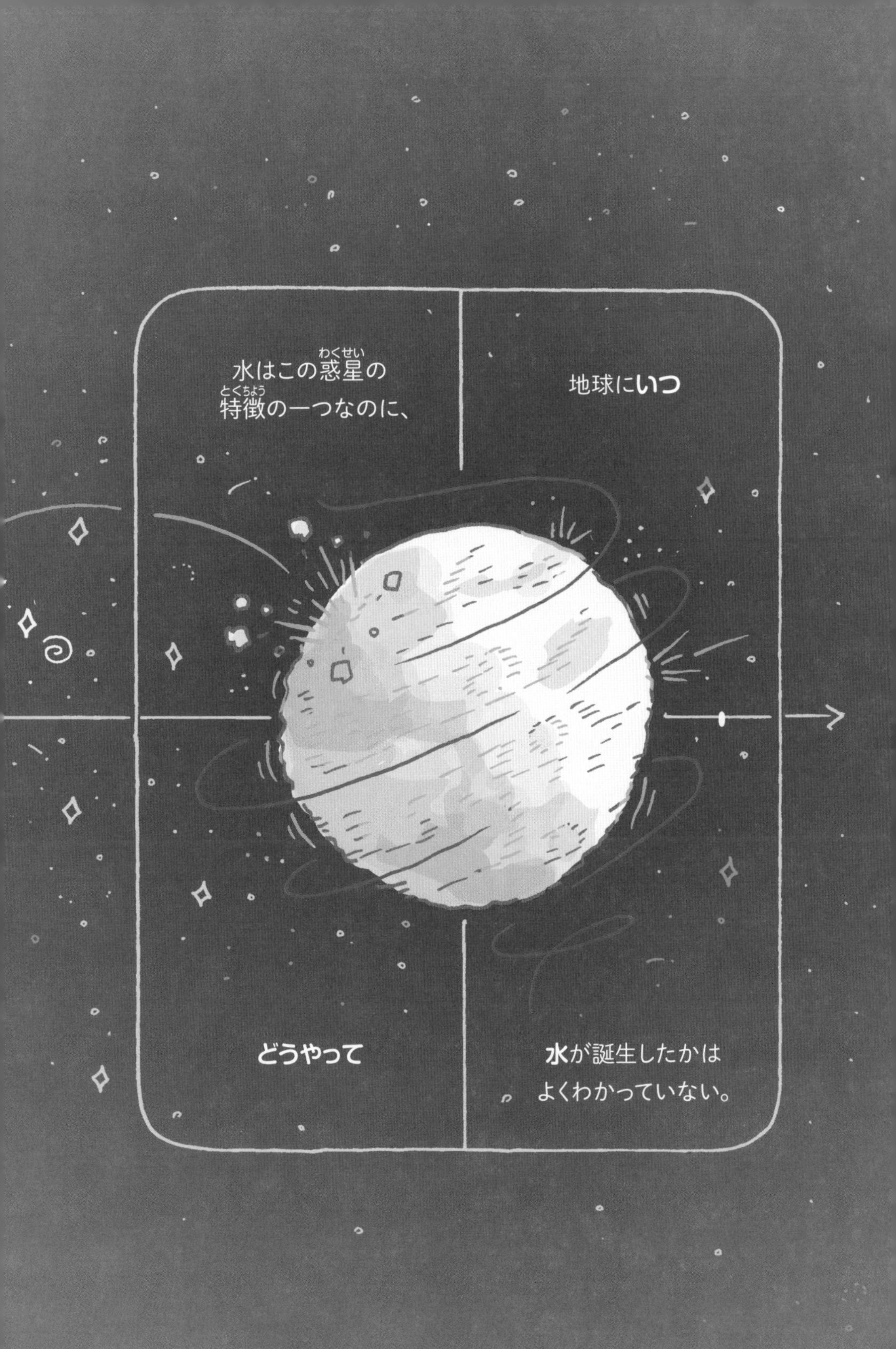

水はこの惑星の
特徴の一つなのに、

地球にいつ

どうやって

水が誕生したかは
よくわかっていない。

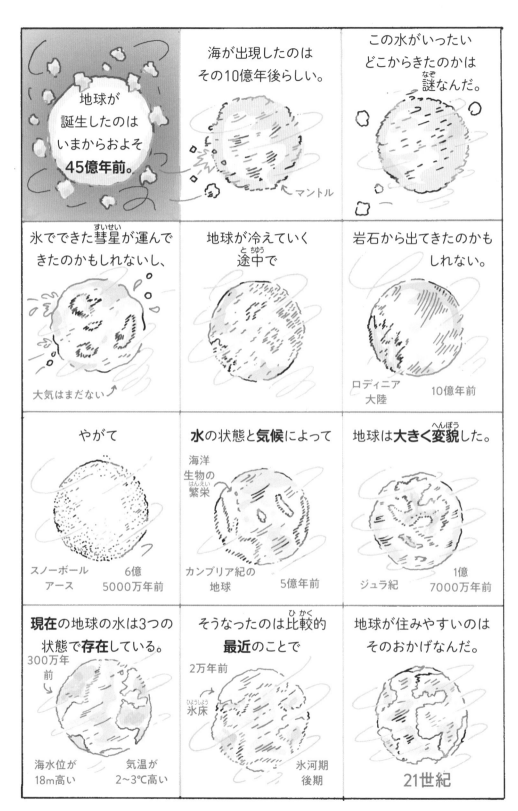

地球が誕生したのはいまからおよそ**45億年前。**

海が出現したのはその10億年後らしい。

マントル

この水がいったいどこからきたのかは謎なんだ。

氷でできた彗星が運んできたのかもしれないし、

大気はまだない↗

地球が冷えていく途中で

岩石から出てきたのかもしれない。

ロディニア大陸　10億年前

やがて

スノーボールアース　6億5000万年前

水の状態と**気候**によって

海洋生物の繁栄

カンブリア紀の地球　5億年前

地球は**大きく変貌**した。

ジュラ紀　1億7000万年前

現在の地球の水は3つの状態で**存在**している。

300万年前↘

海水位が18m高い　気温が2〜3℃高い

そうなったのは比較的**最近**のことで

2万年前

氷床↗

氷河期後期

地球が住みやすいのはそのおかげなんだ。

21世紀

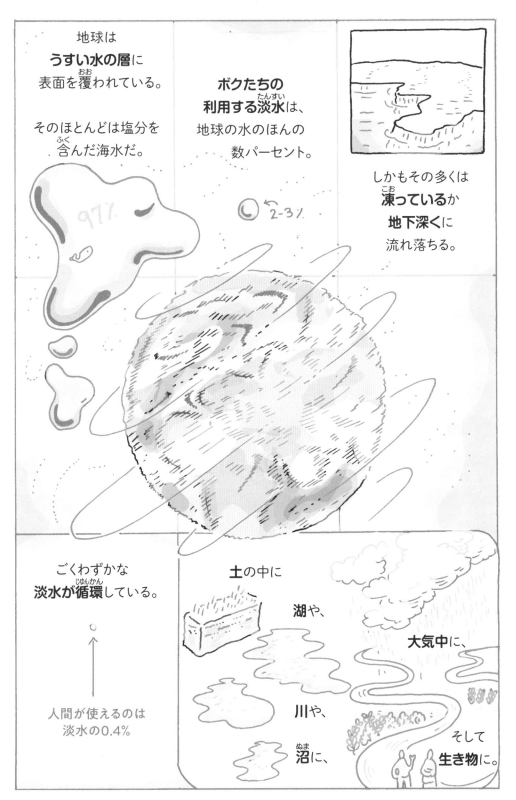

地球は
うすい水の層に
表面を覆われている。

そのほとんどは塩分を
含んだ海水だ。

**ボクたちの
利用する淡水**は、
地球の水のほんの
数パーセント。

しかもその多くは
凍っているか
地下深くに
流れ落ちる。

97%

2-3%

ごくわずかな
淡水が循環している。

人間が使えるのは
淡水の0.4%

土の中に

湖や、

大気中に、

川や、

沼に、

そして
生き物に。

少ない量の水は想像しやすい。

200㎖

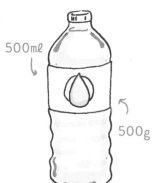

どれくらいの**体積**か、

500㎖

500g

どれくらいの**重さ**か。

2L

2kg

たまにふだんと**違うこと**をすると、ビックリする。

あれ？
こんなに重たかったっけ？

20L
20kg

トイレ、入浴、食器洗い、飲用など、

アメリカで一人が

1日に使う水の量

日常生活で**1日に使う水の量**となると想像できない。

300〜380L
（300〜380kg）

水の働きが
理解しづらいのは、
ふだん**接している**水の
量とは**桁違い**だからだ。

たとえばある**都市**で
1日に使われる
水の量とか

（ニューヨーク市は
1日380万立方メートル）

地球上の水の**総量**など、
とても見当がつかない。

（氷河や氷冠として存在する
淡水は2376万
立方キロメートル）

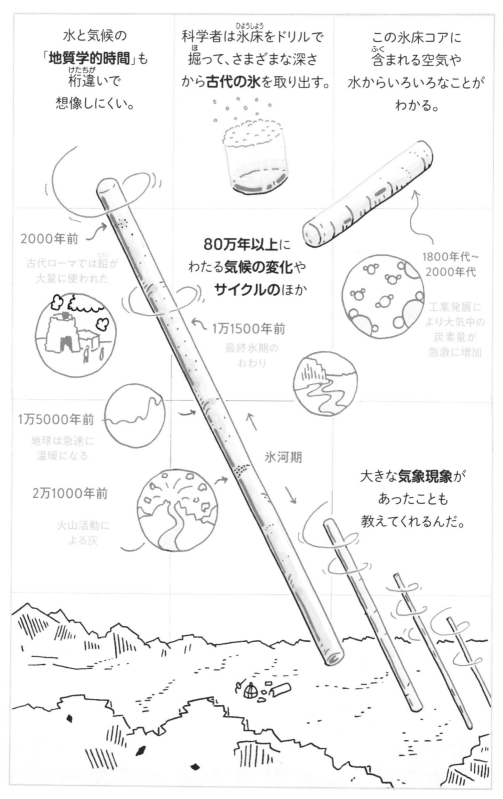

水と気候の
「**地質学的時間**」も
桁違いで
想像しにくい。

科学者は氷床をドリルで
掘って、さまざまな深さ
から**古代の氷**を取り出す。

この氷床コアに
含まれる空気や
水からいろいろなことが
わかる。

2000年前
古代ローマでは鉛が
大量に使われた

80万年以上に
わたる**気候の変化**や
サイクルのほか

1800年代〜
2000年代

工業発展に
より大気中の
炭素量が
急激に増加

1万1500年前
最終氷期の
おわり

1万5000年前
地球は急速に
温暖になる

2万1000年前

火山活動に
よる灰

氷河期

大きな**気象現象**が
あったことも
教えてくれるんだ。

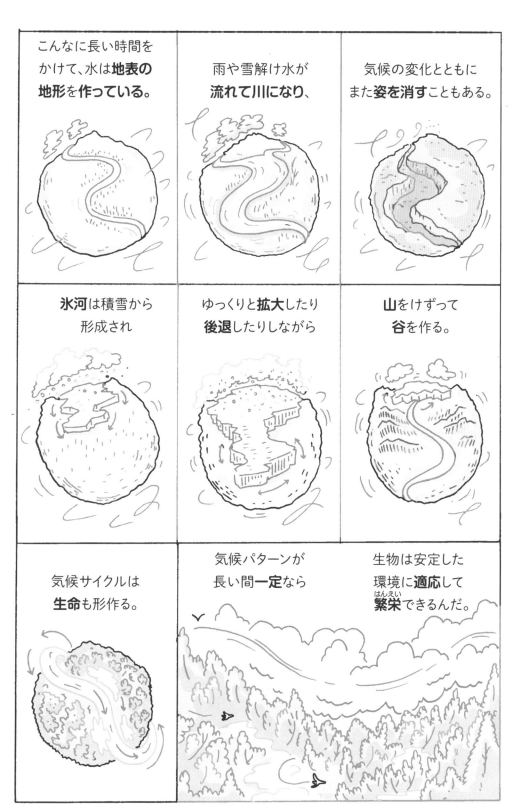

こんなに長い時間をかけて、水は**地表の地形**を作っている。

雨や雪解け水が**流れて川になり、**

気候の変化とともにまた**姿を消す**こともある。

氷河は積雪から形成され

ゆっくりと**拡大**したり**後退**したりしながら

山をけずって**谷**を作る。

気候サイクルは**生命**も形作る。

気候パターンが長い間**一定**なら

生物は安定した環境に**適応**して**繁栄**できるんだ。

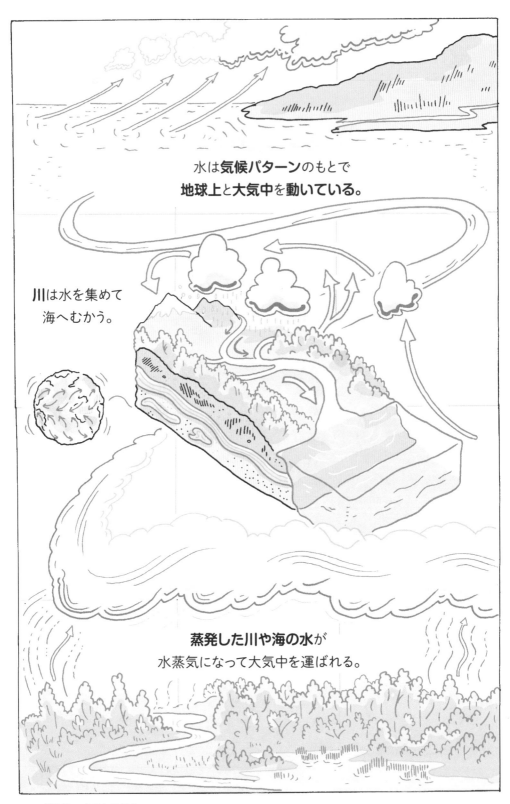

水は**気候パターン**のもとで
地球上と**大気中**を**動いている**。

川は水を集めて
海へむかう。

蒸発した川や海の水が
水蒸気になって大気中を運ばれる。

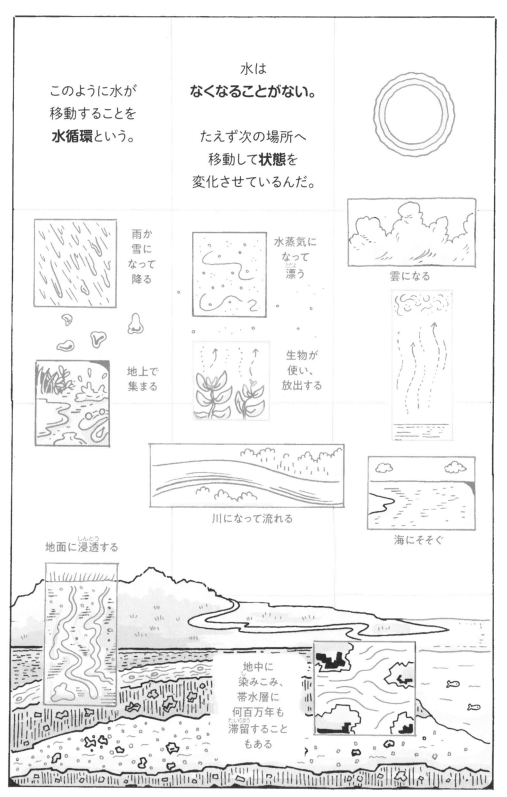

このように水が
移動することを
水循環という。

水は
なくなることがない。

たえず次の場所へ
移動して**状態**を
変化させているんだ。

雨か
雪に
なって
降る

水蒸気に
なって
漂う

雲になる

地上で
集まる

生物が
使い、
放出する

川になって流れる

海にそそぐ

地面に浸透する

地中に
染みこみ、
帯水層に
何百万年も
滞留すること
もある

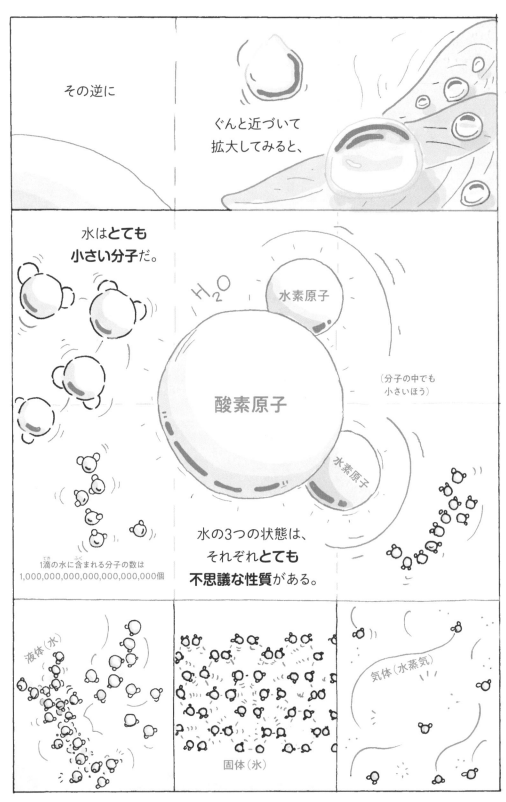

その逆に

ぐんと近づいて
拡大してみると、

水は**とても
小さい分子**だ。

H_2O

水素原子

酸素原子

（分子の中でも
小さいほう）

水素原子

1滴の水に含まれる分子の数は
1,000,000,000,000,000,000,000個

水の3つの状態は、
それぞれ**とても
不思議な性質**がある。

液体（水）

固体（氷）

気体（水蒸気）

水はその分子構造の
おかげで大量の**熱エネル
ギー**を蓄えられる。

形を変えることもでき、

固体になると
密度が小さくなる。
だから氷は水に浮くんだ。

水分子は**静電気力**が
働いておたがいに
強く引きつけあうため

液体のときには
いっしょに流れ

ほかの物質を
溶かして運ぶ。

植物の茎の中を**重力に
逆らって**上へ移動する。

養分を溶かして運ぶ

そして細胞の**組織**を
うるおし、**温度**を
調節し、

光合成の材料になる。

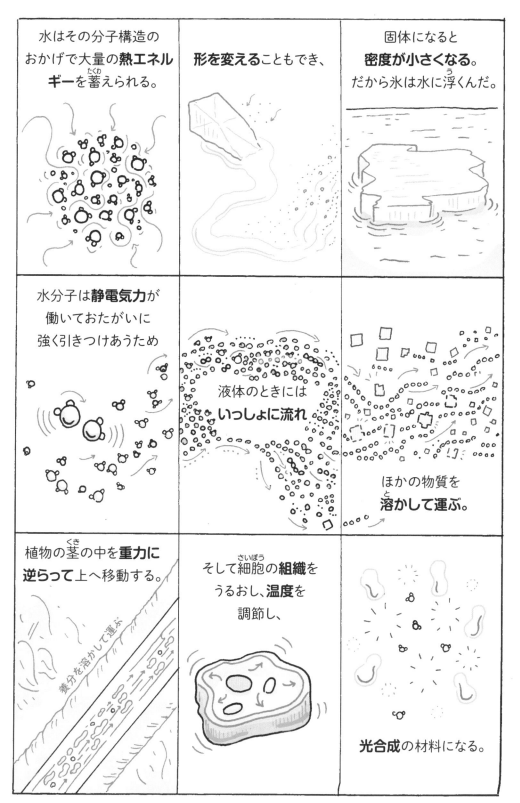

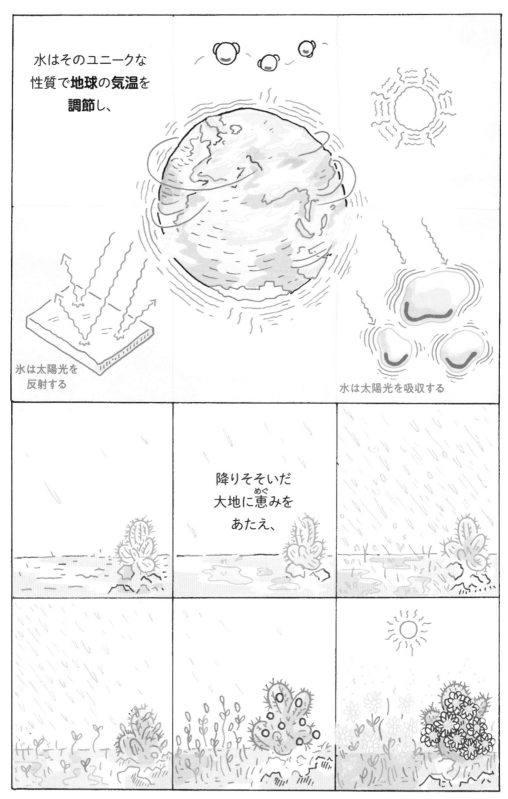

水はそのユニークな
性質で**地球の気温**を
調節し、

氷は太陽光を
反射する

水は太陽光を吸収する

降りそそいだ
大地に恵みを
あたえ、

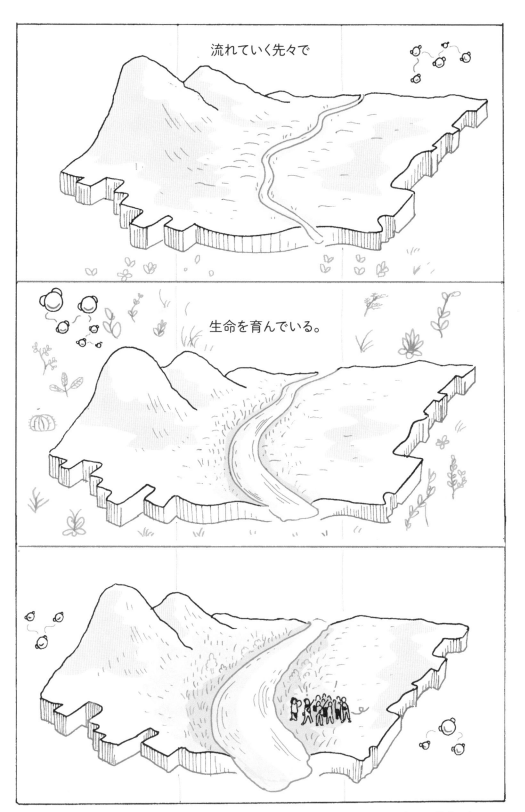

流れていく先々で

生命を育んでいる。

人間にとっても、

水は重要な役割を
はたしている。

とくに重要なのは
ボクたちの体を
支えていること。

ほとんど水分

人間の体重の3分の2は**飲んだり**
食べたりして取りこんだ水分なんだ。

ガブッ

細胞や組織や
臓器で**使われた**あと、

呼吸や
発汗や
消化に
よって体から
排出される。

そして人間は水を
うまく扱うことが
重要だと知った。

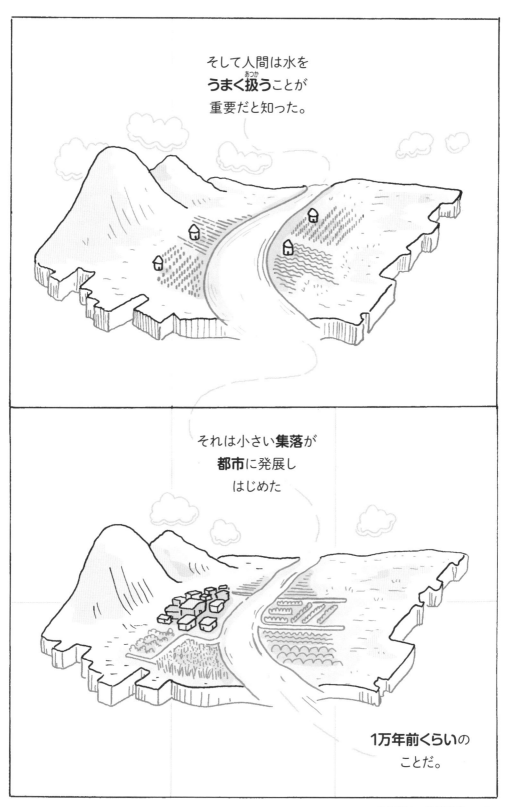

それは小さい**集落**が
都市に発展し
はじめた

1万年前くらいの
ことだ。

PART
2

水とともに
生きた文明

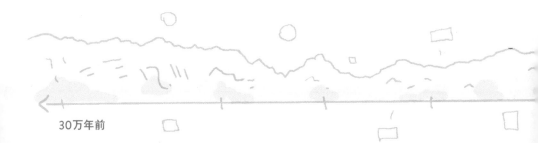

30万年前

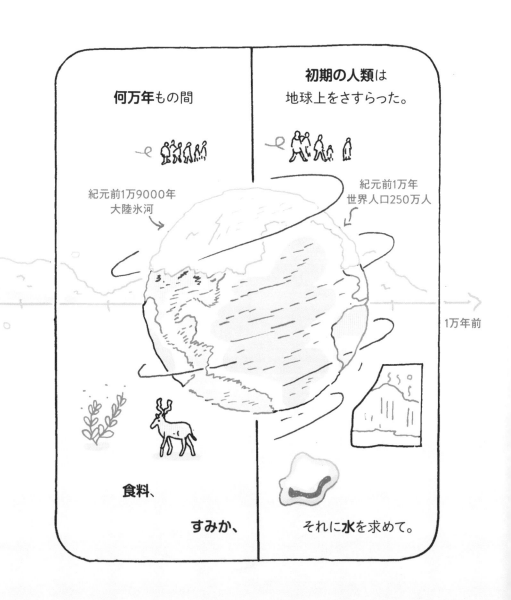

何万年もの間　　　初期の人類は
　　　　　　　　　地球上をさすらった。

紀元前1万9000年
大陸氷河

紀元前1万年
世界人口250万人

1万年前

食料、

すみか、　　それに水を求めて。

過去**10万年**の
ほとんどの間

北半球の高緯度地方には
氷床(ひょうしょう)が広がっていた。

そして

およそ
1万年前に、

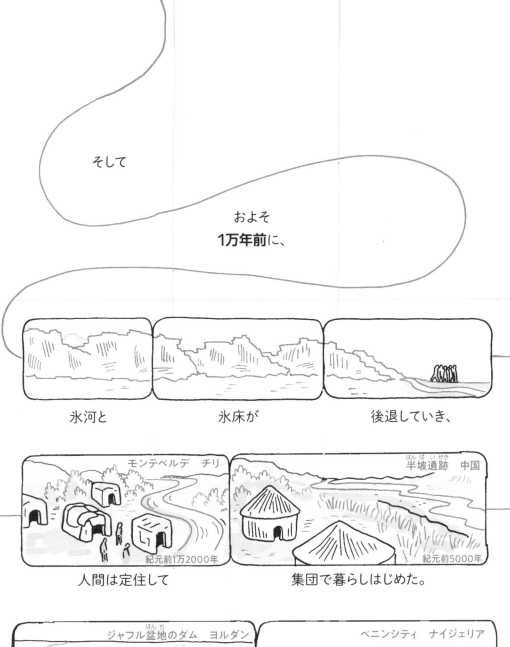

氷河と　　　　　氷床が　　　　　後退していき、

モンテベルデ　チリ
紀元前1万2000年

半坡遺跡　中国
紀元前5000年

人間は定住して　　　　　集団で暮らしはじめた。

ジャフル盆地のダム　ヨルダン
紀元前7000年

ベニンシティ　ナイジェリア
1200年

おだやかな気候と川のおかげで　　　　　集落が都市に発展したところもあった。

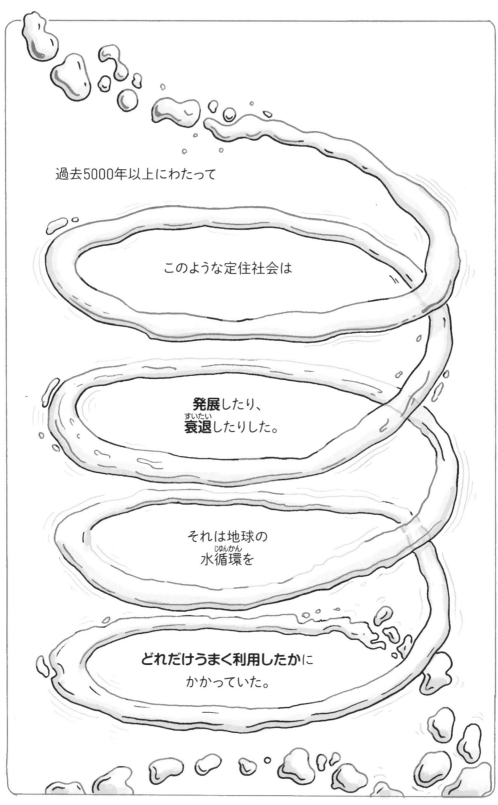

過去5000年以上にわたって

このような定住社会は

発展したり、
衰退したりした。

それは地球の
水循環を

どれだけうまく利用したかに
かかっていた。

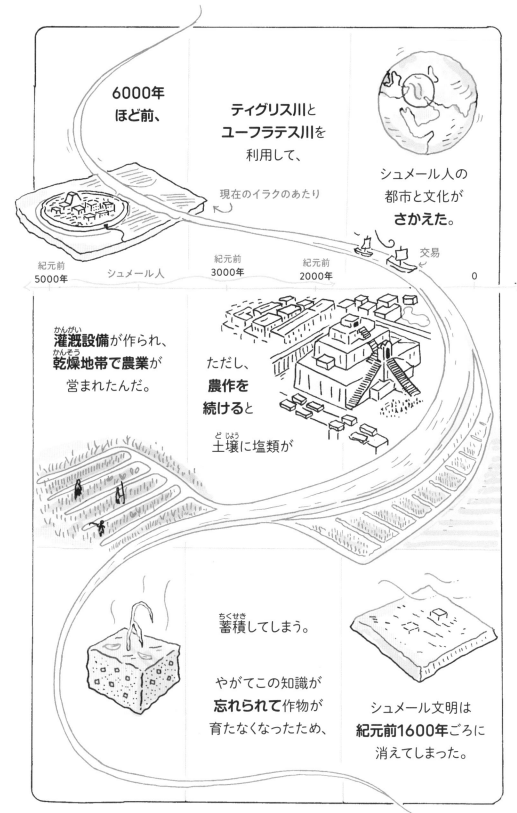

6000年
ほど前、

ティグリス川と
ユーフラテス川を
利用して、

現在のイラクのあたり ←

シュメール人の
都市と文化が
さかえた。

交易

紀元前	紀元前	紀元前	0
5000年	3000年	2000年	

シュメール人

灌漑設備が作られ、
乾燥地帯で農業が
営まれたんだ。

ただし、
農作を
続けると
土壌に塩類が

蓄積してしまう。

やがてこの知識が
忘れられて作物が
育たなくなったため、

シュメール文明は
紀元前1600年ごろに
消えてしまった。

エジプト人とヌビア人の社会は**ナイル川のほとり**に形成された。

数千年にわたる代々の王朝は

大河の季節周期を**役立てて、**政治と宗教の権力を保った。

エジプト文明

紀元前3000年 古王国 紀元前2000年 中王国

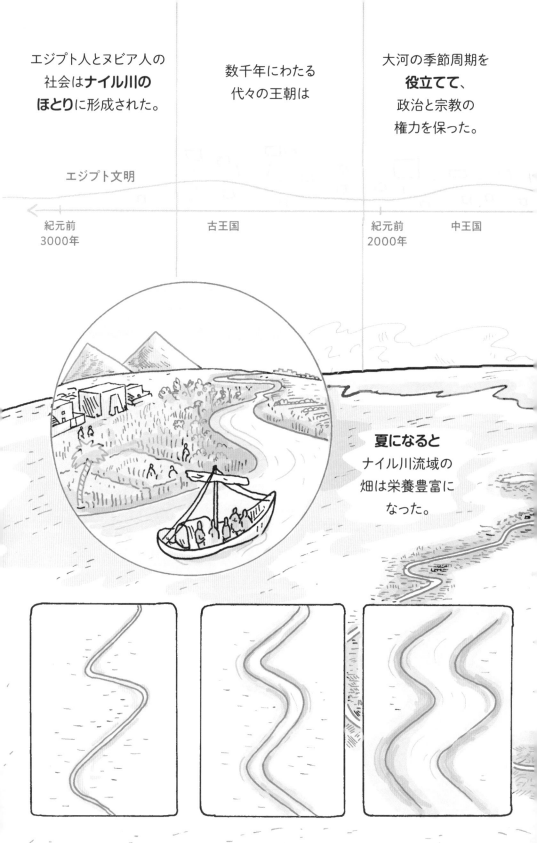

夏になるとナイル川流域の畑は栄養豊富になった。

「**よい氾濫の年**」が
続けば

ナイル川が運ぶ**肥沃な土壌**と
水のおかげで作物が
よく育ったが

乾季が長引くと王朝が
滅びることもあった。

新王国	紀元前1000年	第三中間期	末期王朝時代		0

上流のエチオピアの
山地で降った雨の
水が押し寄せてくるからだ。

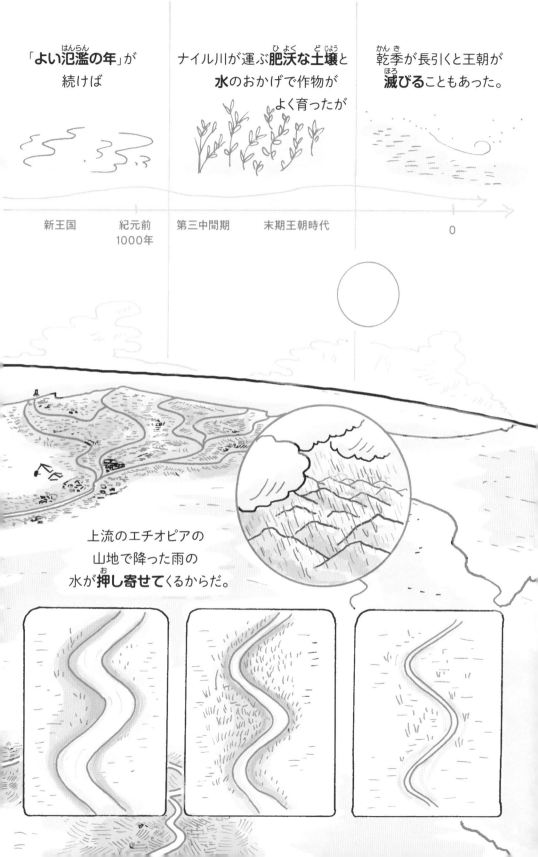

遠く離れた
東アジアでは

古代中国の社会が
2つの大河の氾濫に
悩まされていた。

堰も堤防も
壊されてしまうんだ。

中国
黄河
長江

紀元前
700年

紀元前250年

李冰は長江の支流の
岷江を調査し、

道教の教えをもとに、
水循環を有効に利用する
しくみを考案した。

川の屈曲部に堰堤を
築いて水流を二分
したんだ。

治水事業に
携わった
中国の役人
紀元前3世紀

石を
入れた
竹かごを
積む

この利水施設は
洪水を調節し、

広大な農地を
灌漑する。

2000年後の現在も
使われている画期的な
技術だ。

都江堰

岷江

中国の北部は
慢性的な水不足に
苦しめられていた。

600年ごろ、
隋王朝は

**世界最長の
人工河川**の建設を
命じた。

中国

黄河

長江

700年

600年

300万人もの住民を
駆り集めて**水路**を
掘らせ、

黄河と長江の水路に
つなげたんだ。

この**水路網**で南から北へ
食料や**貿易品**を運べる
ようになった。

洪水や**戦乱**や
管理不足のせいで
たびたび損壊したけれど、

泥やシルトをたえず
取り除かなくてはならない

大運河は1500年
もの間、歴代王朝の
盛衰とともに

拡大と**縮小**をくり返して
現在にいたっている。

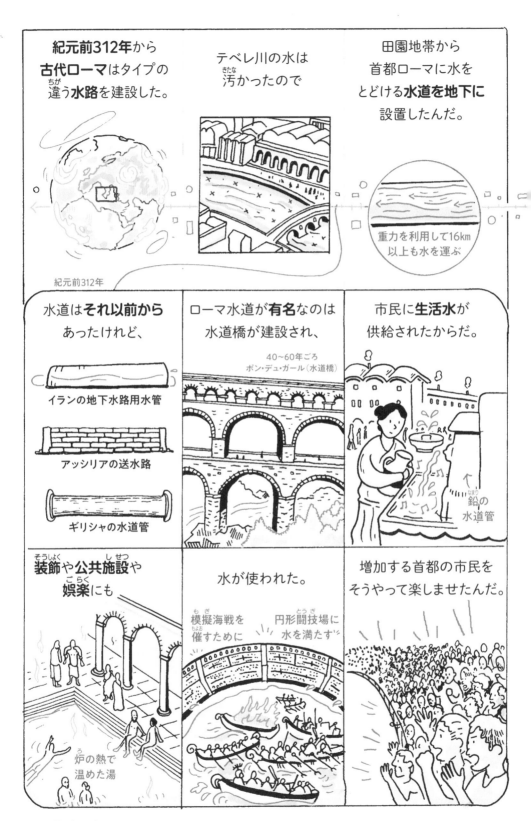

紀元前312年から**古代ローマ**はタイプの違う**水路**を建設した。

テベレ川の水は汚かったので

田園地帯から首都ローマに水をとどける**水道を地下に**設置したんだ。

紀元前312年

重力を利用して16km以上も水を運ぶ

水道は**それ以前から**あったけれど、

イランの地下水路用水管

アッシリアの送水路

ギリシャの水道管

ローマ水道が**有名**なのは水道橋が建設され、

40〜60年ごろ
ポン・デュ・ガール（水道橋）

市民に**生活水**が供給されたからだ。

鉛の水道管

装飾や**公共施設**や**娯楽**にも

炉の熱で温めた湯

水が使われた。

模擬海戦を催すために

円形闘技場に水を満たす

増加する首都の市民をそうやって楽しませたんだ。

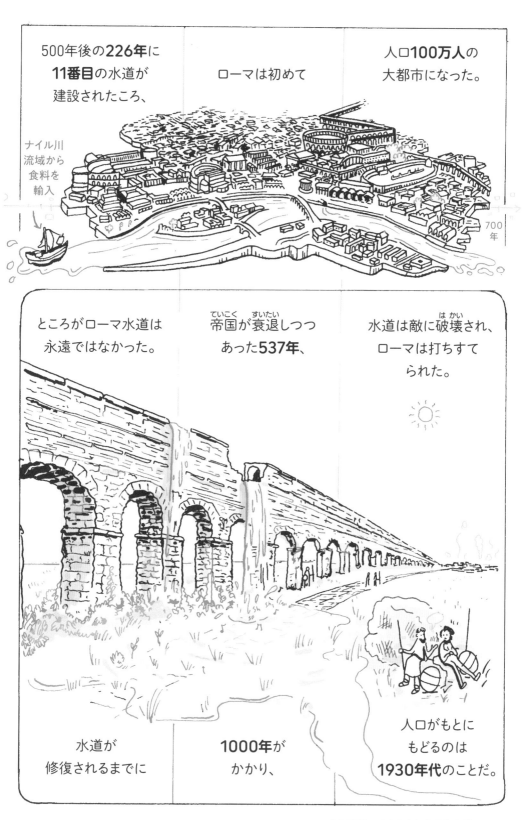

500年後の**226年**に**11番目**の水道が建設されたころ、

ローマは初めて

人口**100万人**の大都市になった。

ナイル川流域から食料を輸入

700年

ところがローマ水道は永遠ではなかった。

帝国（ていこく）が衰退（すいたい）しつつあった**537年**、

水道は敵に破壊（はかい）され、ローマは打ちすてられた。

水道が修復されるまでに

1000年がかかり、

人口がもとにもどるのは**1930年代**のことだ。

目を見張るような
水道の**遺跡**は
歴史書に記される。

けれど**壮大な遺物**を
残さなくても、**水循環**を
生活に取り入れた

文化はほかにも
たくさんある。

大洪水
798〜
802年

ホホカム文化

0

500年

北アメリカ南西部の
ソルト川とヒラ川の
流域には、

ホホカム族が
1500年も暮らし、

力を合わせて砂漠に
灌漑用水路を掘った。

近隣の集落の人々が
時々集まって、

球技や交易、

水道の調整を
したりしたという。

歴史は**残されたもの**を
もとに語られる。

なにに**注目**するかで
歴史の物語は
変わるんだ。

自然を**壊さなかった**
文化は目立たず、
語られることも少ない。

旱魃　1322～1359年

1500年
1380～1382年
大洪水

1867年アリゾナ州　2000
フェニックス　　　　年

1300年代のあるとき、

旱魃と**洪水**が
続いたせいか、

ホホカム族は
どこかへ去り、
文化の痕跡も

ほとんど
消えてしまった。

数世紀後の
1860年代に、

住宅用地
水道会社

入植したヨーロッパ人が
ホホカム族の溝や水路に
気づいた。

いまその水路は、
アリゾナ州フェニックスに

水を供給している。

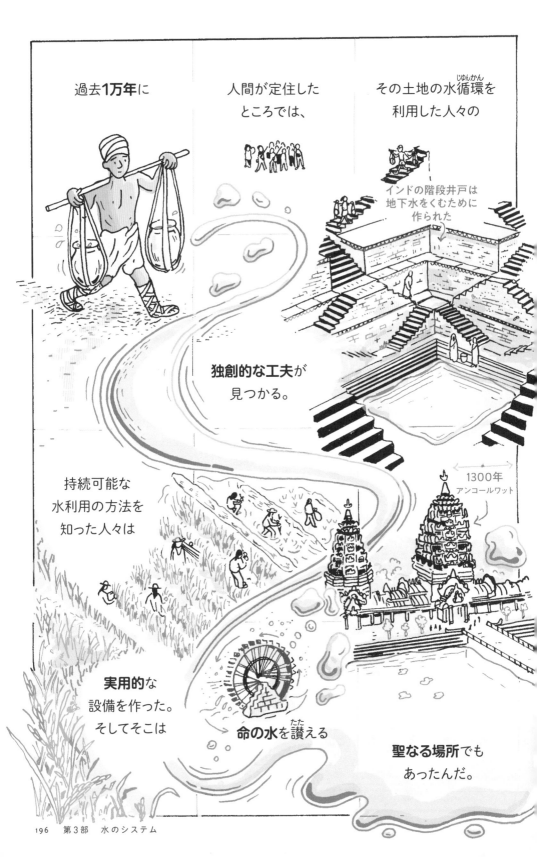

過去**1万年**に

人間が定住した
ところでは、

その土地の水循環（じゅんかん）を
利用した人々の

インドの階段井戸は
地下水をくむために
作られた

独創的な工夫が
見つかる。

持続可能な
水利用の方法を
知った人々は

1300年
アンコールワット

実用的な
設備を作った。
そしてそこは

命の水を讃（たた）える

聖なる場所でも
あったんだ。

ペトラ（ナバテア人）

紀元前 200年 — 100年

砂漠では貴重な
水を貯水池に
貯めていた

残された過去の
建造物を見て、

ボクたちは
あらためて思う。

ティカル（マヤ文明）

紀元前 600年 — 1000年

水循環と調和して
生きることの
大切さを。

貯水池は
旱魃と汚染に
見舞われた

人口が増加し、
産業が発展した
現代では

忘れられがち
だけれど、

それはいまも

変わらないんだ。

PART
3

都市と水

0   500年   1000年

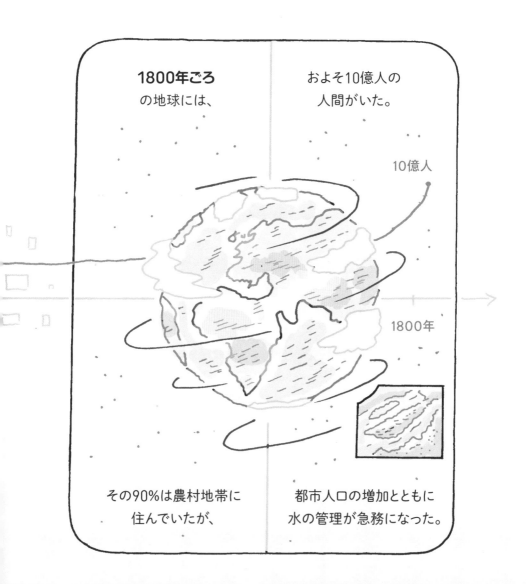

1800年ごろ
の地球には、

およそ10億人の
人間がいた。

10億人

1800年

その90%は農村地帯に
住んでいたが、

都市人口の増加とともに
水の管理が急務になった。

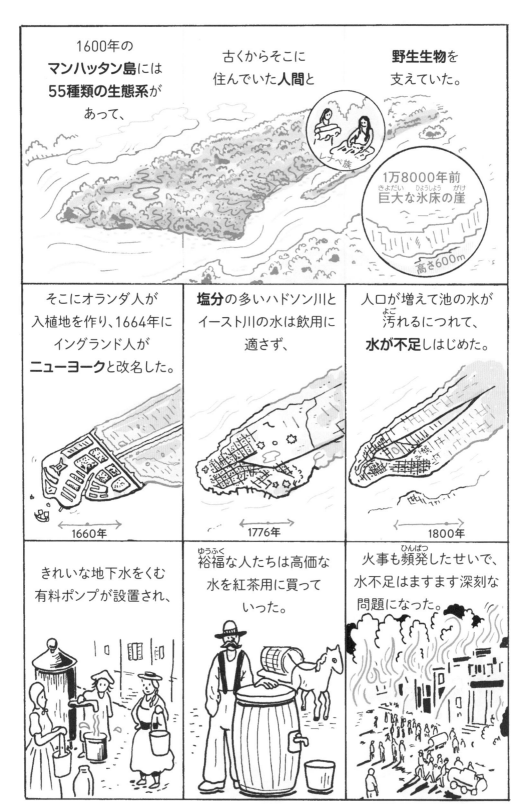

1600年の**マンハッタン島**には**55種類の生態系が**あって、

古くからそこに住んでいた**人間**と

野生生物を支えていた。

レナペ族

1万8000年前
巨大な氷床の崖
高さ600m

そこにオランダ人が入植地を作り、1664年にイングランド人が**ニューヨーク**と改名した。

1660年

塩分の多いハドソン川とイースト川の水は飲用に適さず、

1776年

人口が増えて池の水が汚れるにつれて、**水が不足**しはじめた。

1800年

きれいな地下水をくむ有料ポンプが設置され、

裕福な人たちは高価な水を紅茶用に買っていった。

火事も**頻発**したせいで、水不足はますます深刻な問題になった。

政治家の**アーロン・バー**の**マンハッタン会社**が水道建設を請け負った。

本当の目的は銀行の設立

ところが、水漏れする水道管を埋設しただけだった。

木をくり抜いた水道管

この会社は銀行設立の隠れみのだったからだ。

ウォール街

JPモルガン・チェース銀行の前身

そこで歴史上の大都市と同じように

ニューヨークも**遠く**の**水源**から水をもってくることにした。

65km離れたクロトン川の水を島の**貯水池**へ引いたんだ。

現在はニューヨーク公共図書館

1842年にニューヨークに**水**がとどくようになり、

上水道の完成を祝う祝典が催された。

クロトン川の水

きれいでおいしい水だよ!

パチパチ

現在は**19の貯水池**と**3つの湖**から毎日**380万立方メートル**の水が供給されている。

都市に**水を引く**という
大仕事のあと、

住民は**排水**も重要だと
すぐに気づいた。

ほれ、
足元！

18世紀から19世紀の
ヨーロッパとアメリカの
都市は不潔で、
病気が蔓延していた。

森や田畑のような自然の
土地は水を**吸収**する
けれど、

都市では水溜まりができ、

あふれた水が
川に流れこむ。

風刺作家のジョナサン・
スウィフトは1712年に
こう書いた。

「**肉屋のくず肉、
糞……溺れた
子犬、生臭い小魚、
死んだ猫、
カブのヘタ。
なにもかも
泥まみれで……**」

通りを流れていく。
下水道も汚水溜めも
足りなかったからだ。

ロンドンのテムズ川は**下水道**と化していた。

都市が大きくなり、増えた**屎尿**や**産業廃棄物**が

危険なこととは知らずに

川に**流された**からだ。

1800年代半ばに**コレラ**が**大流行**したときも、

当時はまだ、病気の原因は**臭い**だと考えられていたので、

ひどい臭い！

飲み水が**細菌**で**汚染**されているとは思いもよらないことだった。

とくに暑かった**1858年**の夏、テムズ川の臭いは耐えがたくなった。

裕福な人々も**議会**も悪臭から逃れられず、

ついに政府は**改善計画**に着手した。

1858年の「大悪臭」

18世紀から19世紀の
パリもひどいありさま
だった。

ここに
すてちゃえ！

屎尿は**地下の汚物槽に**
溜められたが

市民は汚水や汚物を
路地に流し、それが
セーヌ川に達した。

パリは**1850年**に
人口が**100万人**を
突破し、

新皇帝ナポレオン三世の
命じた**都市の大改造で**

街路が拡張された。

田園地帯から
飲用の水が引かれ、

ポンプでくみ上げた
川の水で街路が
洗い流された。

地下に張りめぐらせた
下水道網のおかげだ。

（のちに送電線と通信回線も
地下に埋設）

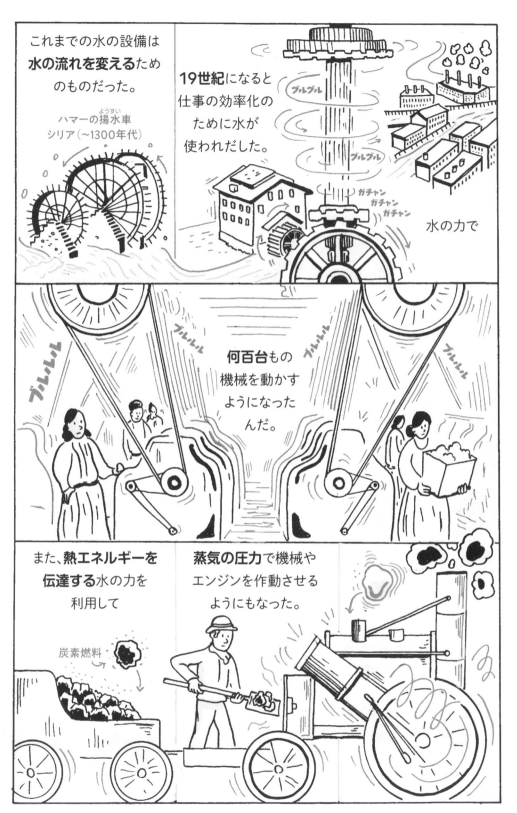

これまでの水の設備は**水の流れを変える**ためのものだった。

ハマーの揚水車
シリア（〜1300年代）

19世紀になると仕事の効率化のために水が使われだした。

ブルブル

ブルブル

ガチャン
ガチャン
ガチャン

水の力で

ブルブル

ブルブル

ブルブル

ブルブル

何百台もの機械を動かすようになったんだ。

また、**熱エネルギーを伝達する**水の力を利用して

炭素燃料

蒸気の圧力で機械やエンジンを作動させるようにもなった。

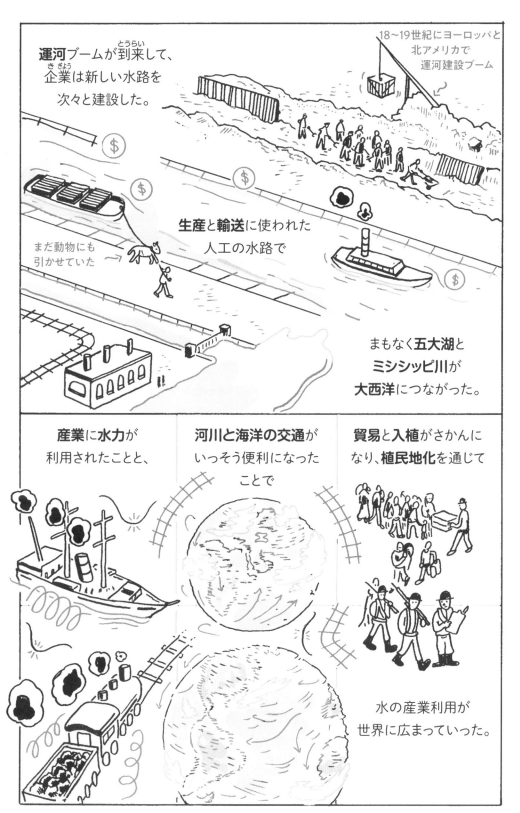

運河ブームが到来して、企業は新しい水路を次々と建設した。

18〜19世紀にヨーロッパと北アメリカで運河建設ブーム

まだ動物にも引かせていた

生産と輸送に使われた人工の水路で

まもなく五大湖とミシシッピ川が大西洋につながった。

産業に水力が利用されたことと、

河川と海洋の交通がいっそう便利になったことで

貿易と入植がさかんになり、植民地化を通じて

水の産業利用が世界に広まっていった。

PART

土地と水は
だれのもの？

1500年
人口4億6100万人

1000年

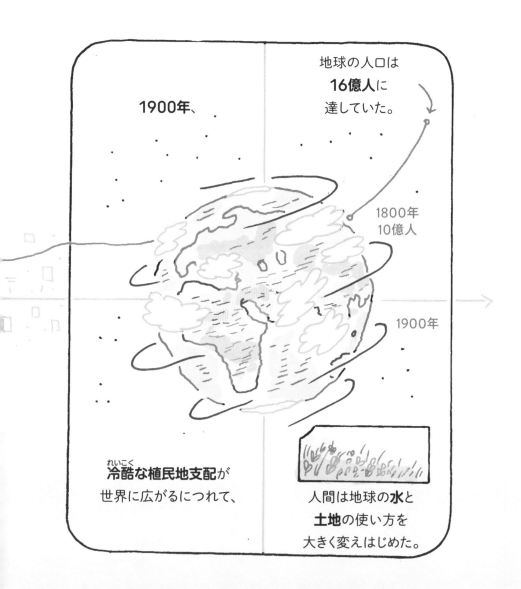

1900年、

地球の人口は
16億人に
達していた。

1800年
10億人

1900年

冷酷（れいこく）な植民地支配が
世界に広がるにつれて、

人間は地球の**水**と
土地の使い方を
大きく変えはじめた。

流す、

飲む、

動力にする よりも

はるかにたくさん水を
使うのは**作物の
栽培**だ。

アメリカの**東部**では、
雨が農業を助けてくれる。
ところが**西部**は
水が乏しい。

それでも鉄道の
開通とともに、
開拓者は西を目ざした。

入植すれば恵みの雨が
そこを**緑豊かな大地に**
してくれると信じて。
確かにしばらくは、
そのとおりだった。

シュッシュッ　ポッポッ　シュッシュッ　シュッシュッ

耕せば雨が降る*

* 19世紀に
広まったアメリカの
気候理論

開拓者は**大平原**の**先住民**を追い出して食料のバイソンを乱獲し、

小麦などを育てて売るために、**農地**をどんどん**広げて耕した。**

やがて旱魃が襲ってきた。

1930年代の**ダストボウル**は人間が引き起こした**環境災害**だった。

耕作地の土が乾いて風に巻き上げられ、砂嵐になったんだ。

それから10年間、一帯は**不毛の地**になった。

ニューディール政策の援助を受けながら雨を待つ人もいたけれど、

水を求めて移住する人たちもいた。

さらに西へ。

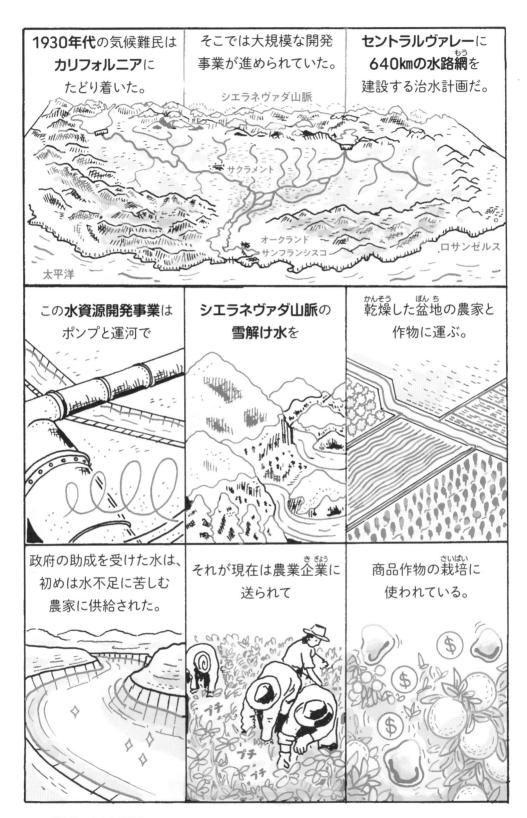

大規模農業に
たっぷり水を
供給するために

政府は河川の形を
強引に変えようとして、

川の流れをさえぎる
壁を建設しはじめた。

フーヴァーダム完成後の
1938年に着工した
シャスタダムの建設は

ドーン

ブルルル

遠くからトロッコで
運んだ

大量の
コンクリートを

サクラメントヴァレーに
何千個も設置した
巨大な型枠（きょだい　かたわく）に4年半
かけて流しこんだ。

数千年のダムの歴史で、
これほど大規模なダムは
初めてだった。

そしてだれ一人、
ダムがどんな
影響（えいきょう）を
およぼすかを
知らなかった。

政府は**さまざまな目的**で
ダム建設を決定し、
川の流れをせき止めた。

河川の**自然氾濫**を
調節し、
水力発電で電力を
供給し、

水道と**農業**に水を
利用するのがダムの
目的だ。

同時に**広大な土地**を水没させて
巨大な**ダム湖**を作った。

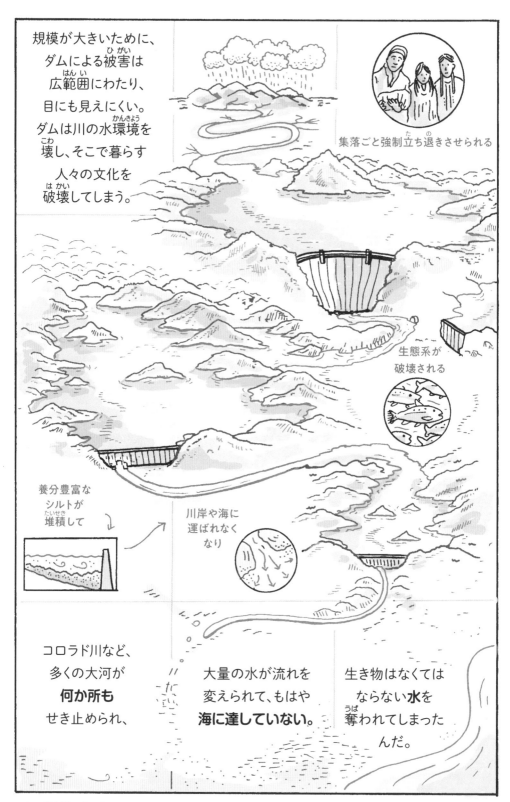

規模が大きいために、ダムによる被害は広範囲にわたり、目にも見えにくい。ダムは川の水環境を壊し、そこで暮らす人々の文化を破壊してしまう。

集落ごと強制立ち退きさせられる

生態系が破壊される

養分豊富なシルトが堆積して

川岸や海に運ばれなくなり

コロラド川など、多くの大河が**何か所も**せき止められ、

大量の水が流れを変えられて、もはや**海に達していない。**

生き物はなくてはならない**水**を奪われてしまったんだ。

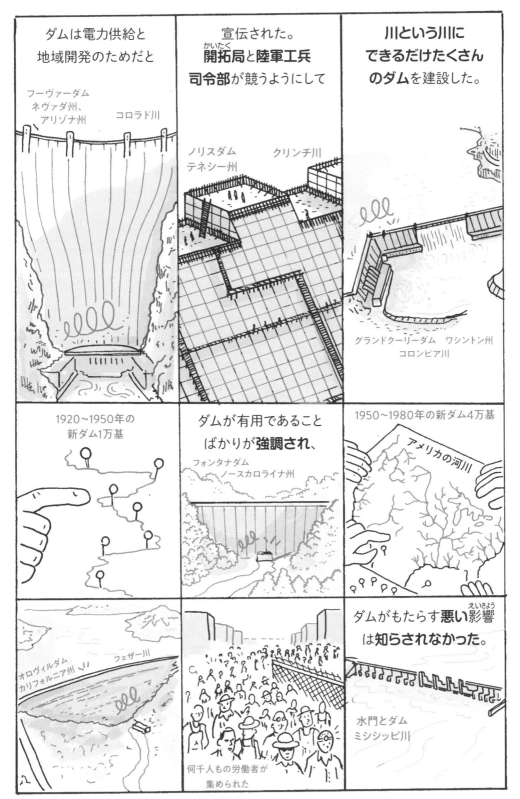

ダムは電力供給と地域開発のためだと

フーヴァーダム
ネヴァダ州、
アリゾナ州　　コロラド川

宣伝された。**開拓局**と**陸軍工兵司令部**が競うようにして

ノリスダム
テネシー州　　クリンチ川

川という川にできるだけたくさんのダムを建設した。

グランドクーリーダム　ワシントン州
コロンビア川

1920～1950年の
新ダム1万基

ダムが有用であることばかりが**強調され、**

フォンタナダム
ノースカロライナ州

1950～1980年の新ダム4万基

アメリカの河川

オロヴィルダム
カリフォルニア州　　フェザー川

何千人もの労働者が
集められた

ダムがもたらす**悪い影響**は**知らされなかった。**

水門とダム
ミシシッピ川

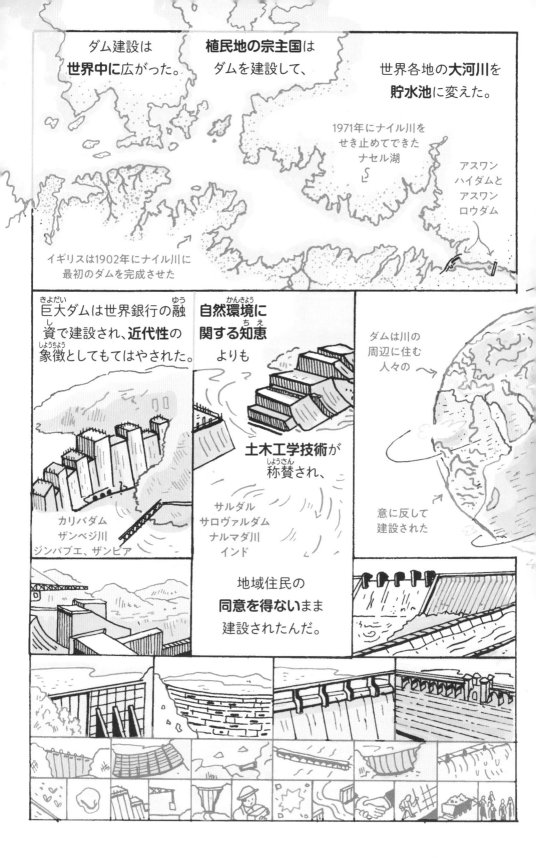

ダム建設は**世界中に**広がった。

植民地の宗主国はダムを建設して、

世界各地の**大河川を貯水池に**変えた。

1971年にナイル川をせき止めてできたナセル湖
↵

アスワンハイダムとアスワンロウダム

イギリスは1902年にナイル川に最初のダムを完成させた

巨大ダムは世界銀行の融資で建設され、**近代性の**象徴としてもてはやされた。

カリバダム
ザンベジ川
ジンバブエ、ザンビア

自然環境に関する知恵よりも

土木工学技術が称賛され、

サルダルサロヴァルダムナルマダ川インド

ダムは川の周辺に住む人々の→

→意に反して建設された

地域住民の**同意を得ない**まま建設されたんだ。

PART 5

これからできること

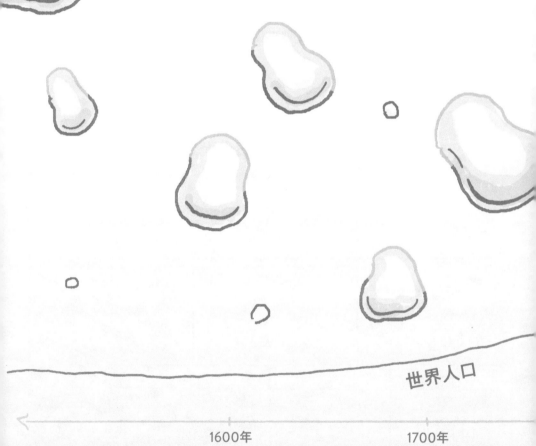

世界人口

1600年　　　　　　　　　　1700年

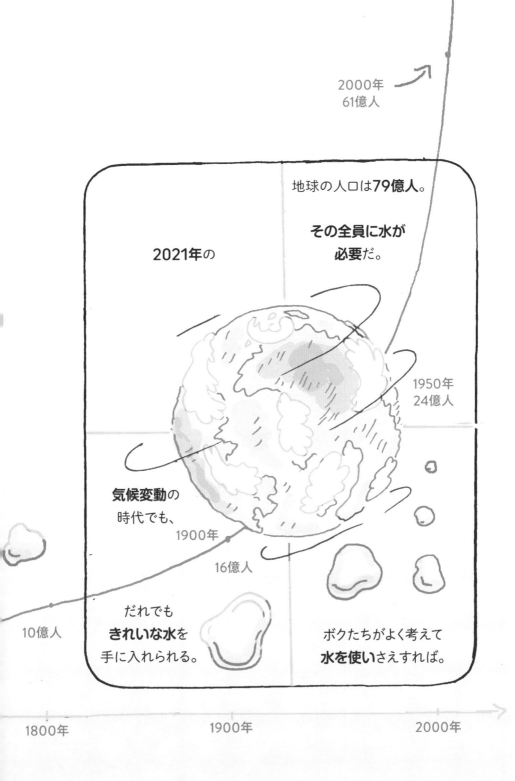

2000年
61億人

地球の人口は**79億人**。

**その全員に水が
必要**だ。

2021年の

1950年
24億人

気候変動の
時代でも、

1900年

16億人

10億人

だれでも
きれいな水を
手に入れられる。

ボクたちがよく考えて
水を使いさえすれば。

1800年　　　　　　　1900年　　　　　　　2000年

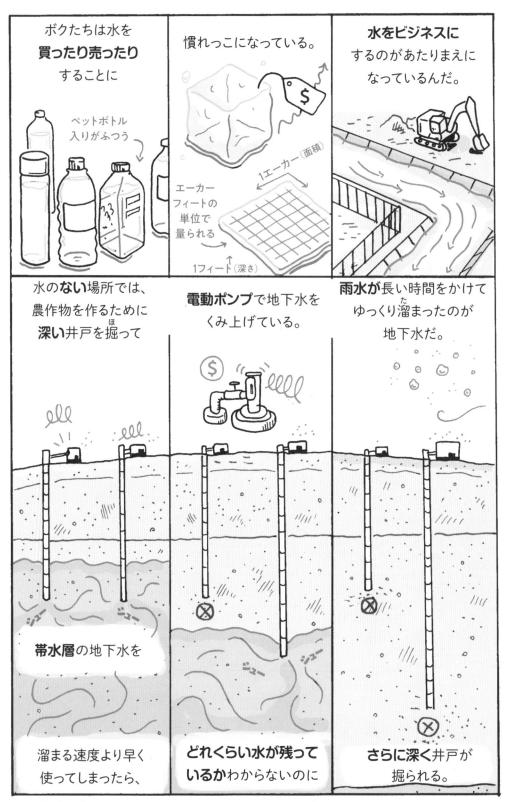

ボクたちは水を**買ったり売ったり**することに

慣れっこになっている。

水をビジネスにするのがあたりまえになっているんだ。

ペットボトル入りがふつう

エーカーフィートの単位で量られる

1エーカー（面積）

1フィート（深さ）

水の**ない**場所では、農作物を作るために**深い井戸を掘って**

電動ポンプで地下水をくみ上げている。

雨水が長い時間をかけてゆっくり溜まったのが地下水だ。

帯水層の地下水を

シュー　シュー

溜まる速度より早く使ってしまったら、

どれくらい水が残っているかわからないのに

シュー　シュー

さらに深く井戸が掘られる。

農業のために水を
くみ上げるのはもっとも
だとしても、

肉中心の食生活の
ためや、あまるほどの
ナッツや綿の栽培にも

水がジャブジャブ
使われている。

アルファルファ

牛を育てる

ダムの水は重力水車で
タービンをまわしたり

熱に変換されたりして、

発電に利用される。

工業でも使われる。

データセンタを冷却し、

1万
1000L

2300L

化学薬品の生産

衣類を
生産し、

生活の中のほぼ
すべてのものを
作るために。

石油の
精製

ジーンズ1本に
7500L以上の
水

110L

2300L

飲料や生活水にする少量の水はどうだろう?

ポンプでくみ上げ

重力で落とす

地下水を人間の消費に適するように**立派なシステムで**

水圧

処理した水を使えるのは一部の人々だ。

安全な水道など**ない**数十億の人々は

いまも毎日の水を手に入れるのに

四苦八苦している。

水

どこかのだれかが水を使うせいで、

水不足や産業汚染や、

毎年3〜4億トンの重金属、有毒汚泥などの廃棄物が海に投棄されている

不潔な下水と闘わなくてはならないんだ。

80%の排水が未処理で環境に戻される

18億人が排泄物で汚染された水を飲んでいる

水道の**ある**アメリカでも、水は安全とはかぎらない。

管理の不十分な水道は、汚染された水を地域にまき散らすだろう。

人間の体の60%が水

公的援助のない貧しい黒人や移民の居住区でよく聞く話だ。

神経障害などの原因になる

鉛管

とくに子供が危険

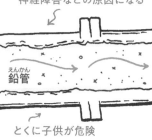

裕福な都市でさえ、コストのかかる設備更新は行政に棚上げされて**なかなか進まない。**

水道管に無関心

ニューヨークはハドソン川の下をくぐる副水路の建設に、もう何年もかかっている。

トンネル建設費10億ドル

巨大ドリル:3000万ドル

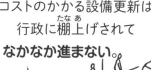

工事の目的は古い水管の漏水を修繕することだ。

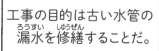

水道もほかのインフラも、**建設しておわりではない。**

維持管理し、**作り変えていく**必要がある。とくにいまは、

水循環に**異変**が起きているからだ。

世界的な工業化で、
地球の水循環が**変わり**
はじめている。

**むかしからの気候
パターン**がくずれ、

地球のあちこちで
異常気象が発生して
いるんだ。

人間はそれを
まったく予期して
いなかった。

水不足の問題を**解消**するための**新しい技術**がある。

海水淡水化プラントは**海水から塩分を取り除く**巨大な装置だ。

ところがこの技術にも**問題点**があるし、**環境負荷**もある。

大量のエネルギーが必要

排塩水が出る

エネルギー源を変えれば、温暖化の速度を**遅く**できるかもしれない。

排気ガスに含まれる炭素

土壌から排出される炭素

電気製品や**交通機関**に使う電気は

炭素燃料をできるだけ**減らせる方法**で発電するんだ。

また、**コンピュータモデル**で

地球規模の気候**パターン**を**解析**すれば

変化を予測し、**政策に役立てる**ことができるだろう。

2050年

テクノロジーによる解決と同じぐらい大切なことがある。

う〜む

自分の水の使い方がめぐりめぐって世界のだれかに影響することを

知って行動することだ。

世界には水を自由に**使える人**と**使えない人**がいる。

身勝手な行動をやめて、

すべての人々と水をわけあおう。

どこかの遠い国の問題だと思わずに、**故郷に住めなくなった人たちを支援**したり

水ビジネスに疑問をもったりするのも

大切なことだ。

水は**みんなに必要**なものなのだから。

最近、多くの自治体が**グリーンインフラ**の活用に動きだしている。

水を浸透(しんとう)させる緑地帯

都市の緑化は気温上昇(じょうしょう)をおさえる

炭素を蓄(たくわ)える

地下に吸収されない雨水を吸い上げる

景観よし

自然の氾濫原(はんらん)は洪水(こうずい)が広がる速度を遅(おく)らせ、水位を下げる

また、ダムを撤去(てっきょ)して**川の流れをもとにもどしたり、**

グラインズキャニオンダムワシントン州

河川再生事業は先住民グループによるものが多い

先住民から**奪(うば)った土地と水**を彼(かれ)らに返したり、

土地を返せ

ラコタ共和国　ラピッドシティ　サウスダコタ州

自然とともに暮らしてきた人々の知恵(ちえ)に学ぼうとしたりしている。

ナソ族の森パナマ

テリベ川

こうした行動の一つ
ひとつを通じて、
ボクたちは気づく。

**生物多様性を
ゆたかにしている**
のは

水循環
なんだと。

多種多様な
生きものが
共生できるのも

水循環の
おかげなんだと。

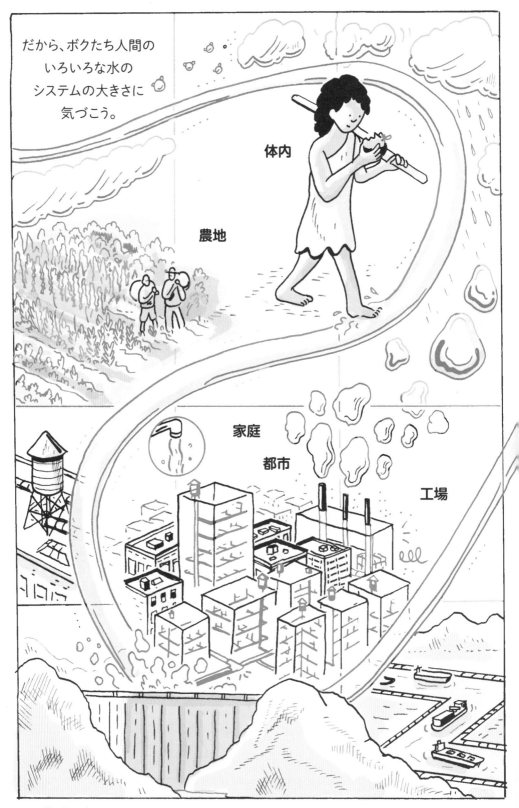

だから、ボクたち人間の
いろいろな水の
システムの大きさに
気づこう。

体内

農地

家庭

都市

工場

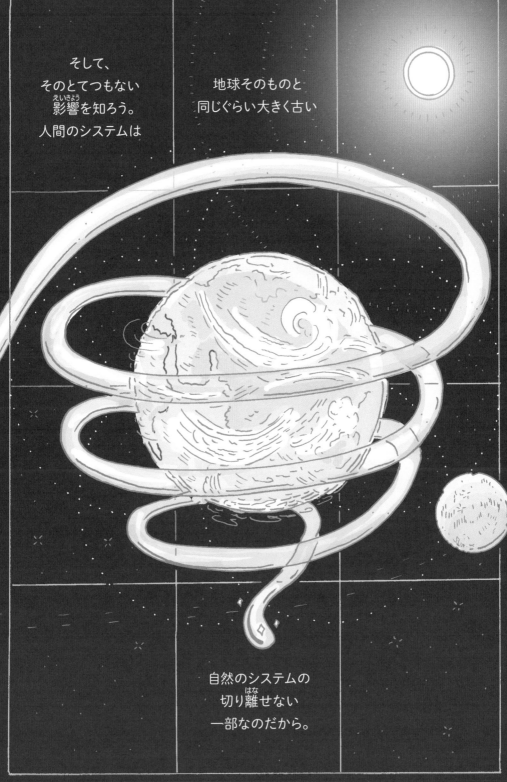

そして、
そのとてつもない
影響を知ろう。
人間のシステムは

地球そのものと
同じぐらい大きく古い

自然のシステムの
切り離せない
一部なのだから。

どんな未来が
想像できるだろう?

この本を書きおえた
いまも、まだわからない
ことだらけだ。

「歴史」とは「過去」の
ことではないと
ボクは知った。

（クラクラしそう）

過去の出来事の
どれかを選んで
その意味を**考える**こと、
それが歴史なんだ。

もしだれかがボクと
同じ疑問を抱き、

見つけた答えをマンガに
しようとしたら、

どこに着目するかも、

なにを
伝えようと
するかも違う、

その人だけの
ストーリーになるだろう。

ボクが着目したのは
ボクたちが使っている
システムの**大きさ**だ。

スマホや**パソコン**は

世界に広がる情報
システムとどんなふうに
接続しているんだろう?

ボクの部屋まで
電気を運ぶ**電柱**は

どうやってその先の
巨大な装置に
(きょだい)

つながって
いるんだろう?

そして**コップの水**は

30億年も動き続けて
いる地球の水のシステム
から

どうやってボクたちの
ところへとどくんだろう?

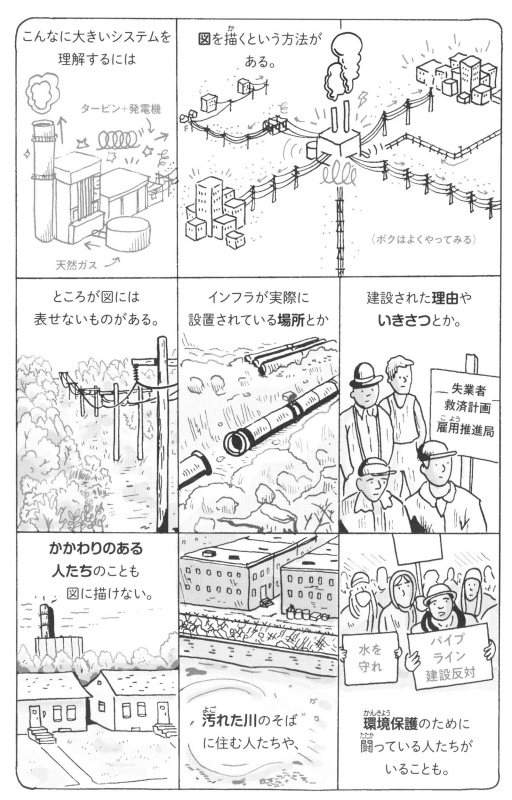

こんなに大きいシステムを
理解するには

タービン+発電機

天然ガス

図を描くという方法が
ある。

（ボクはよくやってみる）

ところが図には
表せないものがある。

インフラが実際に
設置されている**場所**とか

建設された**理由**や
いきさつとか。

失業者
救済計画
雇用推進局

かかわりのある
人たちのことも
図に描けない。

汚れた川のそば
に住む人たちや、

水を
守れ

パイプ
ライン
建設反対

環境保護のために
闘っている人たちが
いることも。

見えないシステムで重要なのは**エンジニアリングだけ**ではない。
そのまわりにはボクたちの**暮らし**があるんだ。

ボクは想像してみる。初めて**煙の
出ない明かり**を見たときのこと、

にごった水しか
飲んだことのない人が

**わき出る透明な
水**を見たときのこと、

電信ケーブルや
コンピュータネットワークで
初めてメッセージが

海のむこうへ瞬時に
送られたときのことを。

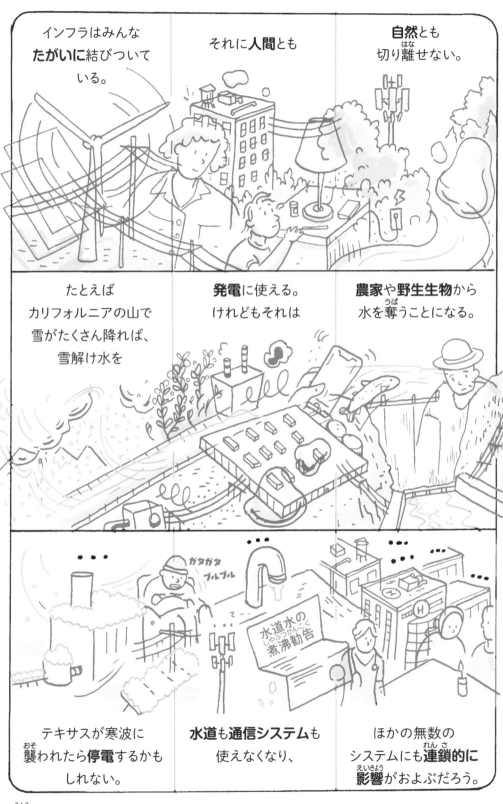

インフラはみんな**たがいに結びついて**いる。

それに**人間**とも

自然とも切り離せない。

たとえばカリフォルニアの山で雪がたくさん降れば、雪解け水を

発電に使える。けれどもそれは

農家や**野生生物**から水を奪うことになる。

テキサスが寒波に襲われたら**停電**するかもしれない。

水道も**通信システム**も使えなくなり、

ほかの無数のシステムにも**連鎖的に**
影響がおよぶだろう。

情報、電気、水は
目に見えないところで
動いている。

その**働きを知る**ことで

自然がそれを
支えていることが
わかる。

そして自然に**感謝**する
ことができるんだ。

むかしの人は
自然のシステムに
合わせて生活を
便利にする工夫をした。

新しいシステムは
そのあとをたどって
作られたんだ。

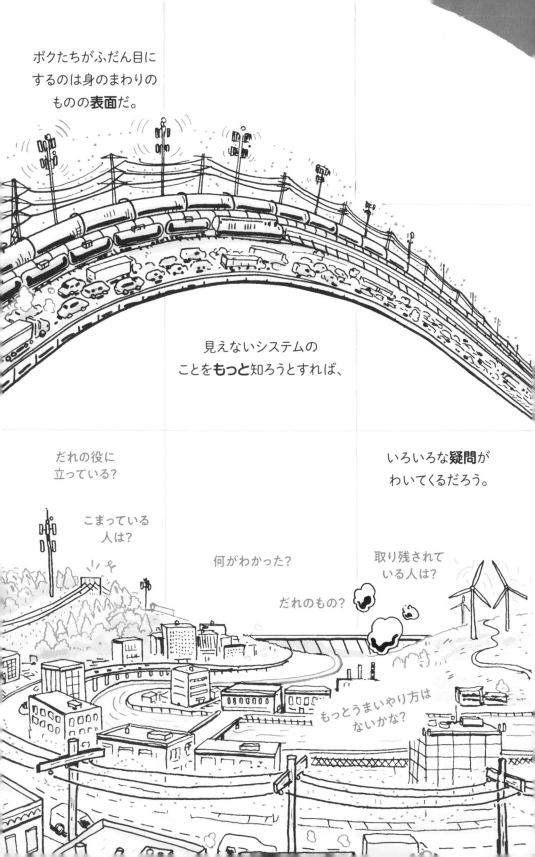

ボクたちがふだん目にするのは身のまわりのものの**表面**だ。

見えないシステムのことを**もっと**知ろうとすれば、

だれの役に立っている?

こまっている人は?

何がわかった?

取り残されている人は?

だれのもの?

いろいろな**疑問**がわいてくるだろう。

もっとうまいやり方はないかな?

疑問への答えが
見つかれば、
システムを
修正できる。

そればかりか、
もっとよいものに
することもできるんだ。

地球と**調和**のとれた
世界にするために。

みんなが平等に
暮らせる世界を
創造するために。

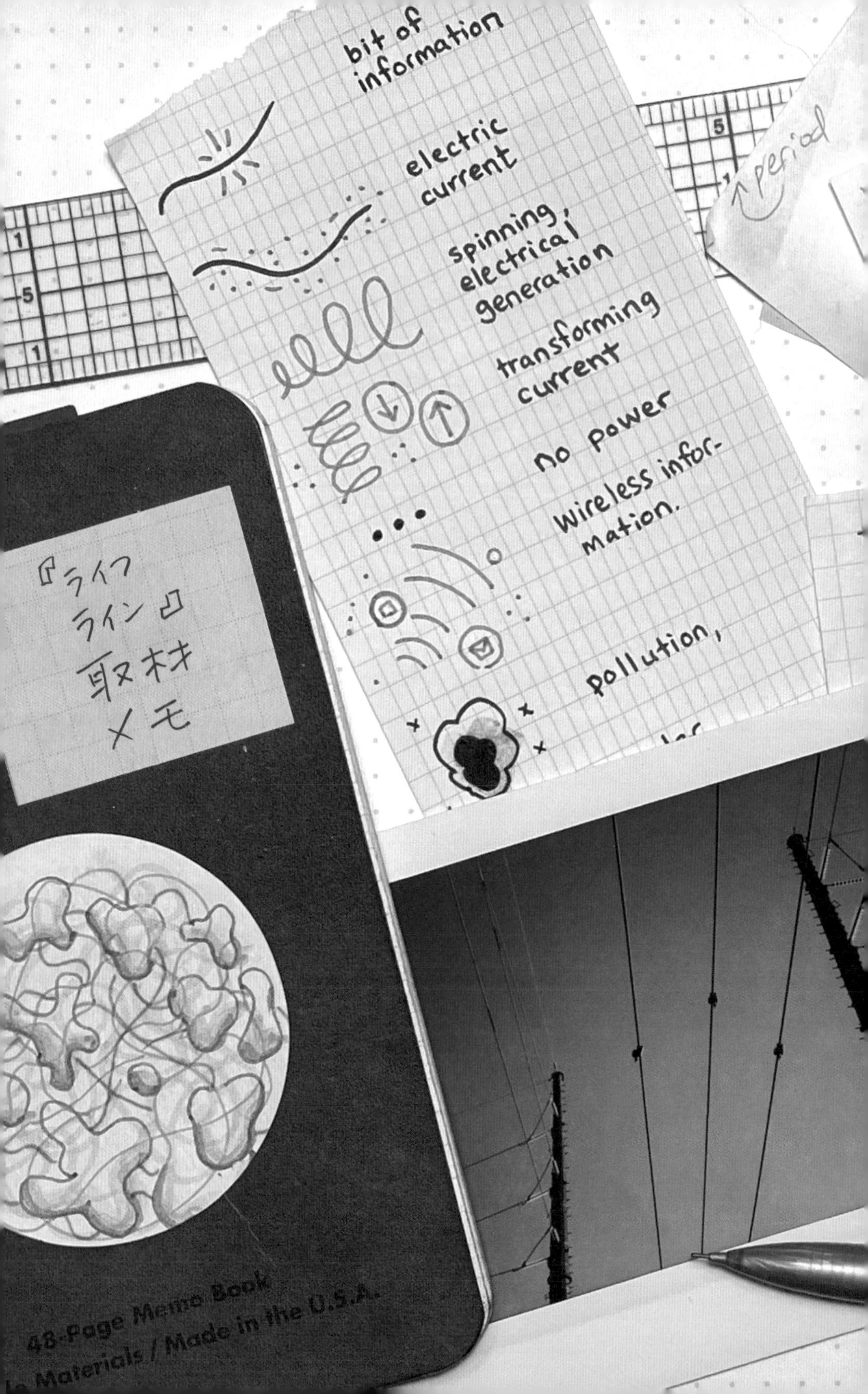
bit of information
electric current
spinning, electrical generation
transforming current
no power
wireless infor-mation.
pollution,
period
『ライフ
ライン』
取材
メモ
48-Page Memo Book
Materials / Made in the U.S.A.

Data

megabyte
unit of data
MB

a song or photo might be ~5 MB

gigabyte
1,000 megabytes
GB

movie ~10 GB

terabyte
1,000 gigabytes
TB

~200,000 pictures

Power

Watt
unit of power
W

LED Light bulb ~10 W

Kilowatt
1,000 watts
Kw

VRRR! appliances might use ~1-2 KW

AC

Megawatt
1,000 Kilowatts
MW

power plants might produce 50-2,000 MW

Water

Gallon
Unit of volume
gal

1 gal jug

3.7 Liters

Cubic foot
~7.5 gallons
ft³

a bathtub might use 5

acrefoot
~ 326,000 gal
ac. ft

1 acre, 1 foot deep

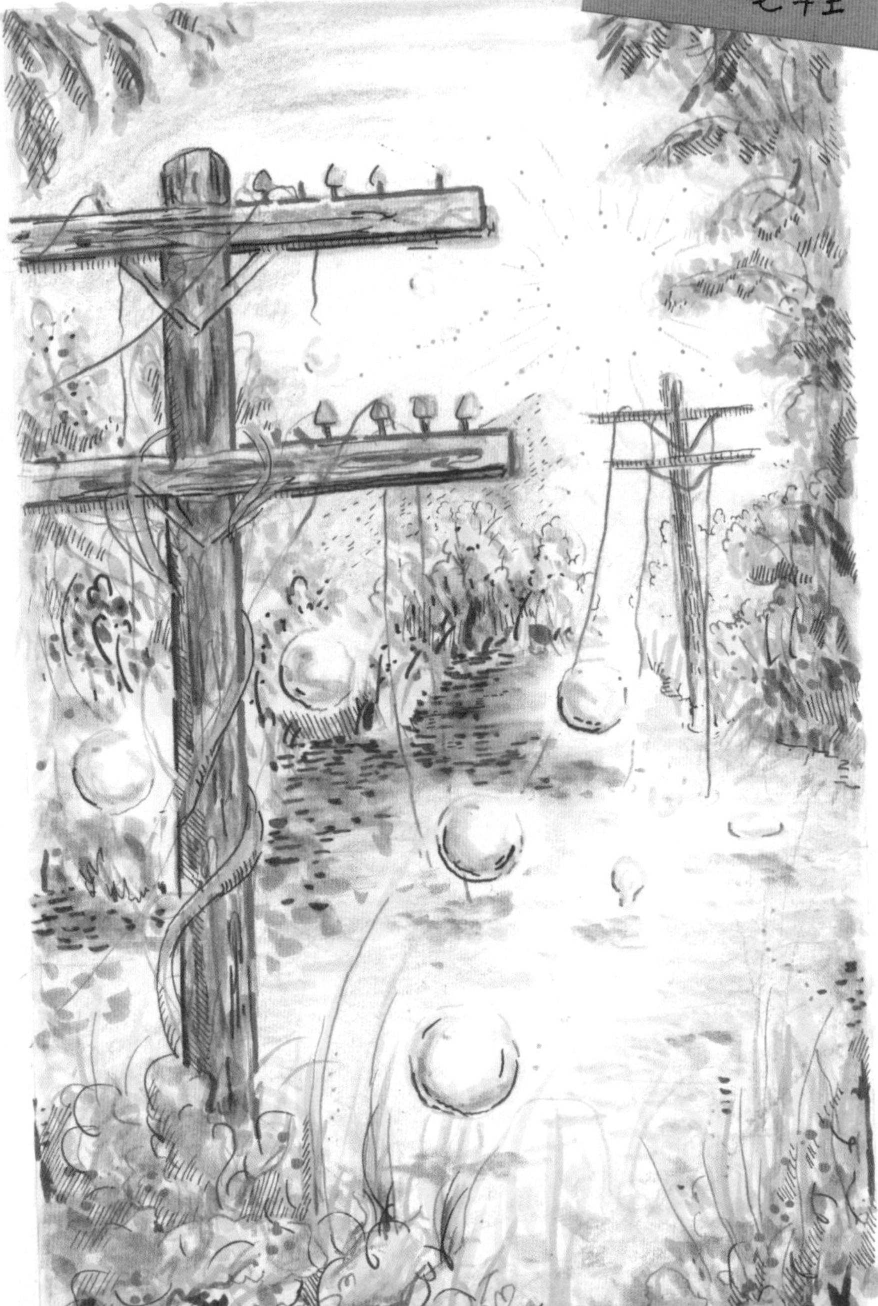

コネチカット川
近くの
鉄道沿いの
古い電柱

旧電信所
のスタジオ

インターネット設備の秘密のビル
ヴァーモント・州
ホワイトリヴァージャンクション

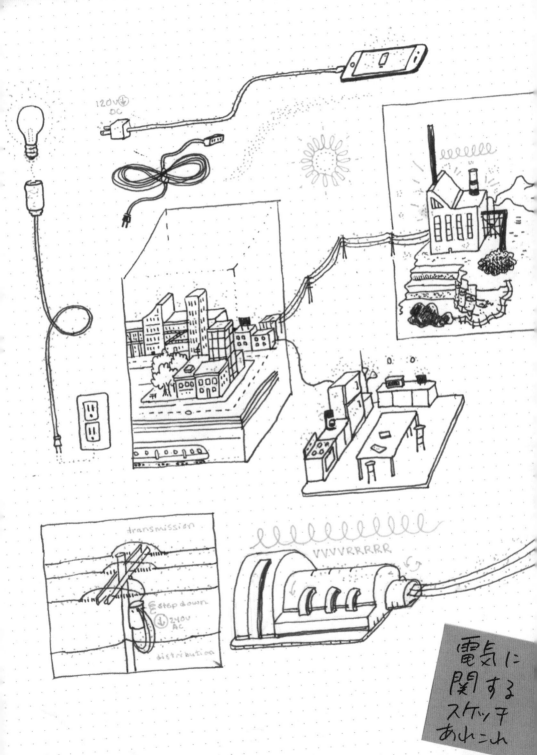

120V
DC

transmission

step down
240V
AC

distribution

VVVVRRRRR

電気に
関する
スケッチ
あれこれ

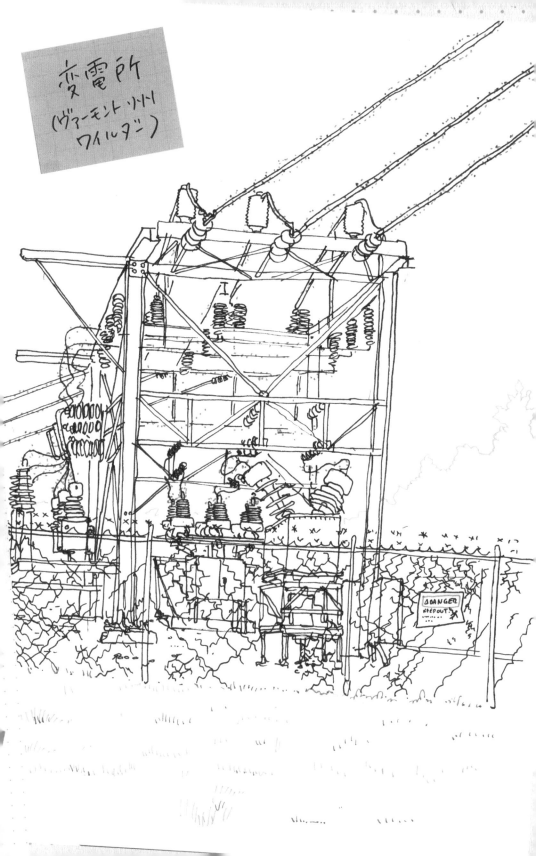

変電所
（ヴァーモント・州
ワイルダー）

制作の舞台裏など…

執筆時期：このマンガは4年をかけて調査し、文を書き、絵を描いた。いまも毎日のように新しい情報が耳に入り、平等なシステムを目ざす努力が実ったり実らなかったりしている。この本にはできるかぎり新しい情報を取り入れたが、調査と執筆の時期は以下の通りなので、それ以降については最新の情報を得てほしい。

ネットワークのシステム：2017-2018年

電力のシステム：2018-2019年

水のシステム：2020-2021年

執筆地：本書はホワイトリヴァーとコネチカットリヴァーの合流点に位置する西ワバナキ族の地「ダキナ（私たちの土地という意味）」で制作した。この一帯はヴァーモント州とニューハンプシャー州の州境にあたり、現在はアッパーヴァレーと呼ばれている。アメリカ先住民のワバナキ族はヴァーモント州とニューハンプシャー州のほか、マサチューセッツ州北部、メイン州西部、カナダのケベック州南部に住み続けている。

制作チーム：本書はつぎの方々のおかげで完成した。愛情をもって支えてくれ、マンガについてもたくさんのことを教え

てくれたダリル。この本の進捗状況をいつも気にかけてくれた家族——パパ、ママ、デヴィッド、リー、エド——と友人たち。漫画研究センターの先生方と仲間たち。すばらしい洞察力と熱意と忍耐強さで編集をたすけてくれたジーナ・ガリャーノ。この本を世に送り出してくれたRHグラフィックのホイットニーとパトリック。この物語に未来を見出してくれたエージェントのファーリー・チェイス。漫画研究センターの修士論文として取り組んでいたときに、貴重な指導をしてくれたアンディ・ワーナー。みなさん、ありがとう。

フィードバックとサポート：原稿を読んでコメントをくれた方々に感謝する。ソフィー・ヤナウ、ジェイソン・ルーツ、ダリル・セイチク、カイラー・ヘドランド、ライズ・フック、エマ・ハンシンガー、ティリー・ウォルデン、ジャラド・グリーン、イッシー・マンリー、ヌール・シューバ、ジェイムズ・スターム、メレディス・アングウィン、ブライアン・ヘイズ。

省略：このマンガを描いたのは3つのシステムについて知ってもらいたかったからだが、話を進めるために省略したこと

もある。また、インフラとシステムの絵は正確さよりもわかりやすさを優先している。

調査：このマンガはたくさんの情報源からヒントを得ている。世界のインターネット、電力システム、気候と水のシステムについて現地で調査し、写真を撮り、執筆した人々の作品を参考にさせてもらった。もっと深く知りたい読者のために、次ページ（p.262）からの注釈と参考文献で一部を紹介した。アドバイスをくれた専門家のみなさんに感謝する。貴重な洞察とインフラの物語を聞かせてくれたメレディス・アングウィン。ニューイングランドISOのモリーとエリック。グリーン・マウンテン・パワーのスタッフとノーザン・キングダム・コミュニティ・ウィンド・ファームのクリスティーン・ホールクィスト、ブライアン・ヘイズ、マシュー・ウォルド。フリー・プレスのキャンディス・クレメント。高校の科学教師のリンダ・タランティーノ。ヴァーモント州ハートフォード水道局のリック・ケニー。コンソリデーテッド・コミュニケーションズのマーク・ウッドとランス・スウェンソン。ダートマス大学地理学部のフランシス・J・マギリガン、クリストファー・S・スネドン、コリーン・

A・フォックス。ブルース・R・ジェイムズとエリック・サンダーソン。キルトン公共図書館（ニューハンプシャー州レバノン）のすばらしい司書たち。そしてインターネット、電気、水への理解とかかわりについてよろこんで話してくれた大勢の人たち。

影響を受けたアート：この本に影響をあたえたものをすべて挙げようとしても無理だが、いつもインスピレーションの源泉になってくれた作品をいくつか紹介したい。ワンダ・ガアグ、ヴァージニア・リー・バートン、デヴィッド・マコーレイのすばらしい絵本。リチャード・マグワイア、ケヴィン・ハイゼンガ、ソフィア・フォスター゠ディミノのイラストにおける時間と物語の表現。ソフィー・ヤノウとサム・ウォールマンのマンガエッセイ。ロン・リージー・ジュニアとレイル・ウェストヴァインドの作品における目に見えないエネルギーの見事な描写。そしてもちろん『アバター 伝説の少年アン』。

はじめに

"見落とされている最大の真実は…"[p10]

デヴィッド・グレーバー『官僚制のユートピア：テクノロジー、構造的愚かさ、リベラリズムの鉄則』（酒井隆史訳／以文社／2017年）より引用。

第1部　ネットワークのシステム

"コンピュータ画面のむこう側は…"[p24]

イギリスの新聞『ガーディアン』の記事「ウィリアム・ギブスン：サイバースペースのむこう」（2011年9月22日）より引用。

"<ruby>電脳空間<rt>サイバースペース</rt></ruby>。さまざまな国の…"[p25]

ウィリアム・ギブスン『ニューロマンサー』（黒丸尚訳／早川書房／1986年）より引用。

"たとえにはその人の考えが表れている…"[p26]

たとえを絵に<ruby>描<rt>か</rt></ruby>きはじめたのは10年以上前のことで、わかりやすいたとえが欠かせない政治マンガを描いているときだった。ここではジョシュ・ジーザの記事「インターネットの<ruby>比喩<rt>ひゆ</rt></ruby>の歴史」を参考にした。この記事の年表にはここで使った言葉の一部が<ruby>載<rt>の</rt></ruby>っている。また、このテーマについて<ruby>執筆<rt>しっぴつ</rt></ruby>している人たち、たとえばアル・ゴア、ジュディス・ドナス、コーネリアス・プッシュマン、ジーン・バージェス、ピーター・ライマン、ティム・ウー、レベッカ・ローゼンなどについても<ruby>紹介<rt>しょうかい</rt></ruby>されている。

"インターネットはウェブにアクセスするための通信機器のインフラ…"[p30]

インターネットは形のあるモノだと認識するようになったのは、次のようなすぐれた本のおかげだった。アンドリュー・ブルーム『インターネットを探して』（金子浩訳／早川書房／2013年）、イングリッド・バーリントン『ニューヨークのインターネットガイド Networks of New York: An Illustrated Field Guide to Urban Internet Infrastructure』、海底ケーブルを解説したニコル・スタロシエルスキー『海底のネットワーク The Undersea Network』。

"太平洋のケーブル<ruby>敷設<rt>ふせつ</rt></ruby>船"[p32]

この船は電力供給などのための電線の敷設に使われていたようだ。通信ケーブルの敷設船はもっと大型で、巻いたケーブルを格納するケーブルタンクが船内にある。

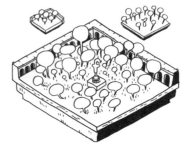

"オール・レッド・ライン"[p34]

この地図はジョージ・ジョンソンの『オール・レッド・ライン The All Red Line: The Annals and Aims of the Pacific Cable Project』（1903年）を参考にして描いた。イギリスの電信網だけを示しているが、p35の地図のように、当時の電信網はほかにもたくさんあった。

"1898年にスペイン領のキューバを…"[p35]

ボクが調べたかぎり、これは海底ケーブルの<ruby>破壊<rt>はかい</rt></ruby>工作が戦争で作戦として実行された最初の例。この作戦が成功したかどうかについてはいろいろな説があるが、ケーブルを全部切断できたわけではなかったのは確かなようだ。

"セオドア・ローズヴェルト大統領が…"[p35]

ジェフリー・K・ライオンズの論文「太平洋ケーブルとハワイと世界の通信網」を参照した。

"電信網は帝国主義と商業利用の…" [p35]

この地図は当時のケーブル会社の地図を参考にした。atlantic-cable.comのサイトでビル・バーンズが地図をまとめている。ニコル・スタロシエルスキー『海底のネットワーク The Undersea Network』では、植民地時代の電信システムがわかりやすく紹介されている。

"今日、インターネットの光ファイバーケーブルは…" [p36]

この地図はテレジオグラフィー社のケーブルマップを参考にした。この本を作るために調査をはじめてから本が出版されるまでに、たくさんのケーブルが開通している。一部はこの地図に加えたが、最新の地図はsubmarinecablemap.comを見てほしい。ケーブルの本数と総延長はテレジオグラフィー社の2021年末の情報にもとづいている。

"こんなふうに、新しいインフラは…" [p41]

アメリカの光ファイバー基幹回線網の地図は「インターチューブ：アメリカの長距離光ファイバーインフラストラクチャーの研究」（ラマクリシュナン・デュララジャン、ポール・バーフォード、ジョエル・ソマーズ、ウォルター・ウィリンガー、2015年、ウィスコンシン大学ほか）を参照した。まとまった記録がなかったため、研究者たちは何年もかけて地図をつなぎ合わせた。鉄道と光ファイバーケーブルのルートをもっと知るには、2015年のアイオー・フェスティバルでのイングリッド・バーリントンの講演「距離がなくなる」が参考になった。

"軍も国民の監視に利用…" [p44]

詳しくはヤシャ・レヴィン『監視の谷 Surveillance Valley: The Secret Military History of the Internet』を参照。

"今日、IXは世界中に…" [p48]

この地図はテレジオグラフィー社の相互接続ポイントマップを参考にして作成した。より

正確な地図は、internetexchangemap.comを見てほしい。

"地域にもインターネットを…" [p52]

このページの地味な建物の絵は、co-buildings.comに掲載されている写真を参照した。

"倉庫ぐらい大きい。" [p57]

実際にはもっとずっと大きい。この絵はGoogleマップで見たデータセンタの写真と、『アトランティック』誌の「クラウド（雲）の下で」シリーズに掲載されたイングリッド・バーリントンの写真を参考にした。

"データセンタは全国にある。" [p58]

これは架空のデータセンタ。

"さらに、飛行船や太陽光ドローンや…" [p67]

FacebookとGoogleもこの計画に取り組んでいたが、現在のところ気球とドローンは実用的ではなく、人工衛星のほうが有望なようだ。

"たとえが表すのはインターネットの…" [p68]

コンピュータのたとえは何十年も前から使われていた。1984年にジョン・ゲージは「ネットワークこそ計算資源だ」と言い、1996年にはニール・スティーヴンスンが『ワイアード』誌に寄稿した世界最長の光ファイバーケーブルに関する記事「マザー・アース・マザーボード」でそう書いている。

第２部　電力のシステム

"私が聞いた果てなく遥かな…"[p70]

『エミリー・ディキンソン詩集 The Poems of Emily Dickinson』（R・W・フランクリン、ハーヴァード大学出版局、1998年）

"初めて実用に近づいた電気器具は…"[p90]

初めのころの奇妙な（たまにトンチンカンな）電気器具については、マイケル・ブライアン・シファー『稲妻を引き下ろせ Draw the Lightning Down: Benjamin Franklin and Electrical Technology in the Age of Enlightenment』を参考にしてほしい。

"パールストリート"[p92]

パールストリートの中央発電所の絵は、ニューヨーク・エジソン社が1927年に製作した縮尺模型のエッチングと写真（国立アメリカ歴史博物館収蔵）から作画した。

"エジソンはライバルの…"[p96]

「電流戦争」は電力システムの歴史から生まれた最も有名な話だろう。これをテーマにした本や映画がたくさんある。エジソンの電気椅子の研究については、マーク・エッシグの『エジソンと電気椅子 Edison and the Electric Chair: A Story of Light and Death』を参考にしてほしい。

PART2 電気を送る：電力システムの建設[p99]

グレッチェン・バッケは『電力網 The Grid: The Fraying Wires Between Americans and Our Energy Future』で、ニューヨークの空を埋めつくす電線について詳しく紹介している。デヴィッド・E・ナイは電力網の社会と文化への影響（郊外が発展するきっかけになったことなど）に最初に着目し、『電化されるアメリカ Electrifying America: Social Meanings of a New Technology, 1880-1940』を執筆している。

"ニューディール政策"[p105]

上段の絵はプレシジョニズムの画家チャールズ・シーラーの1939年の作品『ぶらさがる電気 Suspended Power』（ダラス美術館所蔵）の模写。

"第二次世界大戦"[p106]

ジュリー・A・コーンは著書『電力網 The Grid: Biography of an American Technology』で、持株会社と第二次世界大戦の電力網の相互接続への影響について述べている。相互接続は進められる一方だったわけではなく、戦争中に政府の命令で接続を切った電力会社もあった。

"戦後の1950年代…"[p108]

このページはのちにアメリカ大統領になるロナルド・レーガンの家の電気製品が「ゼネラル・エレクトリック・シアター」（1959年放送）で紹介されている様子を描いている。ゼネラル・エレクトリック社によると、このテレビ番組は当時アメリカで3番目に人気があり、毎週2500万人以上が見ていたという。

"家庭や工場に電力を供給する電力システムは…"[p110]

この地図はエジソン電気協会が1962年に発行した「電力システムの相互接続状況に関する報告書」のデータにもとづくもので、ジュリー・A・コーンの『電力網 The Grid: Biography of an American Technology』に掲載されている。

"石炭を燃やした。"[p121]

アメリカ南西部の都市開発における石炭と電気の役割については、アンドルー・ニーダムの『送電線 Power Lines: Phoenix and the Making of the Modern Southwest』を参照してほしい。

"いくつかのエネルギー源を…"[p128]

地域の使用エネルギー源の組みあわせを図にするのはむずかしい。アメリカの各州の電力生産の状況を知るには、ナジャ・ポポヴィッチとブラッド・プルマーによる「あなたの州はどうやって発電しているか？」がわかりやすい。

"電力の需給バランスを管理している人たち…"[p136]
この絵はニューイングランド電力システムの需給バランスを管理するニューイングランドISOのコントロールセンターの様子。発電と送電に関する規制と市場はとんでもなく複雑だ。メレディス・アングウィンは『電力不足 Shorting the Grid: The Hidden Fragility of Our Electric Grid』でこの見えないシステムについて報告している。

"各国の電力システム"[p144]
植民地時代のジンバブエの電力網に関連する政治状況については、モーゼス・チコワロの論文「準交流電流：植民地時代のジンバブエ、ブラワヨ 1894-1939年」を参照。プエルトリコの電力網の問題については、エド・モラレスの「民営化のプエルトリコ」を参照してほしい。

第3部 水のシステム

"ミシシッピ川をところどころまっすぐにして…"[p152]
トニ・モリスンの『記憶の場所 The Site of Memory』からの抜粋。次のように続く。「作家もそれと同じで、自分がいた場所、走り抜けた谷、土手の様子、そこにあった光、元の場所にもどる道を覚えている。それは感情の記憶だ。神経と皮膚による記憶、それがどのように現れたかの記憶なのである。そして想像力の奔流が私たちの『洪水』なのだ」。

"地球が誕生したのはいまからおよそ…"
[p168]
地球の歴史を絵や動画で魅力的にあらわしたものに、バージニア・リー・バートンの絵本『せいめいのれきし 改訂版：地球上にせいめいがうまれたときからいままでのおはなし』(いしいももこ訳／まなべまこと監修／岩波書店／2015年)と、スミソニアン・マガジンのサイトの「地球の地質学的時間を旅する」がある。

"地球はうすい水の層に…"[p169]
地球の水に関するデータ提供：アメリカ地質調査所（USGS）。

"少ない量の水は想像しやすい。"[p170]
アメリカの1日の水の使用量の推定値はいろいろあるが、アメリカ地質調査所は一人1日あたり300〜380Lとしている。

"水と気候の「地質学的時間」も桁違いで想像しにくい。"[p172]
アメリカ国立科学財団の氷床コア施設のサイトicecores.orgでいろいろなことを知ることができる。また、科学者は樹木の年輪を研究して過去のことを推測し、データを裏づけている。

"6000年ほど前…"[p187]
水と文明に関する歴史については、スティーヴン・ソロモンの『水 Water: The Epic Struggle for Wealth, Power, and Civilization』、スティーヴン・ミゼンの『渇き Thirst: Water and Power in the Ancient World』を参照してほしい。

"ローマは初めて人口100万人の大都市になった。"[p193]
古代の人口推定には大きなばらつきがある。ローマの人口は50万人以下というものから100万人以上までのものがあった。

"インドの階段井戸"[p196]
スペースの都合上、この独創的な水の施設を

十分に紹介しきれなかった。ヴィクトリア・ラウトマンは、『どこまでも続くインドの階段井戸 The Vanishing Stepwells of India』という写真集を出している。また、ヴァーチャル・アンコール・プロジェクトのサイトでは、カンボジアの14世紀の水郷都市アンコールが再現されている。

"1600年のマンハッタン島には…"[p200]
入植者がやってくる前のマンハッタン島とその周辺地域の再現を目ざしたマンナハッタ・プロジェクトとウェリキア・プロジェクトについてはWelikia.orgを参照してほしい。このプロジェクトはエリック・W・サンダーソンが主導した。

"クロトン川の水"[p201]
ニューヨークの初期の水道システムの建設と祝典を示す多くの画像を収集し、デジタル化したオールド・クロトン水道友の会に賛辞を贈る。

"都市に水を引くという…"[p202]
下水道システムの詳細については、スティーヴン・ハリデーの『地下下水道ガイド An Underground Guide to Sewers』を参照してほしい。

"水の力で何百台もの機械を動かす…"[p206]
デヴィッド・マコーレイの『工場 Mill』は、小さい水車から製作所まで、さまざまな工場がどのように建設されたかをイラストで解説するすぐれたガイドだ。

"西部は水が乏しい。…"[p210-211]
p210の下段からp211にかけては、1916年のテキサス北部を舞台にしたテレンス・マリック監督の『天国の日々』（1978年）の場面からインスピレーションを得た。この映画で撮影を担当したのは、ネストール・アルメンドロスとハスケル・ウェクスラーだ。

"ダストボウル"[p211]
2012年にPBS（公共放送サービス）が放映したケン・バーンズ監督の『ダストボウル』を見ると、この人為的な環境災害についてより深く知ることができる。アメリカ北部の植民地化によってアメリカ先住民が被った環境破壊については、ディナ・ジリオ＝ウィテカーの『草原があるかぎり As Long as Grass Grows』を参照してほしい。

"セントラルヴァレーに640kmの…"[p212]
セントラルヴァレー・プロジェクトは数十年にわたって続けられ、カリフォルニア州水利計画も同時に進められた。この地図は開拓局の依頼でA・A・エイベルが描いた絵を誇張して模写したもの。

"シャスタダム"[p214]
このページの絵は、1945年にハワード・コルビーが撮影した無声映画『こうしてシャスタダムは建設された』からヒントを得た。この映画はシャスタ歴史協会が2017年にYouTubeに投稿している。

"水のない場所では…"[p222]
地下水のくみ上げは何十年もほとんど規制されていない。そのために地盤沈下が生じた例もある。

"飲料や生活水にする少量の水…"[p224]

第3部では、現代の水処理システムについてほとんどふれていない。水のシステムを含むさまざまなインフラを写真入りで紹介したブライアン・ヘイズの『インフラストラクチャー Infrastructure: A Guide to the Industrial Landscape』をぜひお薦めしたい。

"水循環の異変で…"[p227]

気候変動に起因する移民については、トッド・ミラーが『壁を打ち壊す Storming the Wall: Climate Change, Migration and Homeland Security』で報告している。

"ダムを撤去して川の流れを…"[p230]

先住民グループはダムの撤去を求めて活動している。生態系を回復させるとともに文化を取り戻すためでもある。詳しくはコリーン・A・フォックスらの論文「『川は私たちであり、川は私たちの血脈である』：3つの先住民コミュニティにおける河川再生の再定義」を参照してほしい。

"土地を返せ"[p230]

このコマは10か国の活動家による2021年7月4日の行動を紹介している。詳しくはNDNコレクティヴのサイトndncollective.orgを見てほしい。

"自然とともに暮らしてきた人々の知恵"
[p230]

先祖代々の土地を守るためのナソ族の取り組みについては、ガブリエラ・ラザフォードの「私たちは国家の守護者ではなく、自然の最良の守り手だ」（intercontinentalcry.org 2019年8月20日付）を参照してほしい。

おわりに

"環境保護のために闘っている人たち"[p239]

ディナ・ジリオ゠ウィテカーは、『草原があるかぎり As Long as Grass Grows』で、環境負荷による不平等に対する先住民の抵抗の歴史を紹介している。

参考文献

第1部　ネットワークのシステム

Blum, Andrew. *Tubes: A Journey to the Center of the Internet.* New York: HarperCollins, 2012.『インターネットを探して』アンドリュー・ブルーム著／金子浩訳／早川書房／2013年

Burrington, Ingrid, Emily Ann Epstein, Tim Hwang, Karen Levy, and Alexis Madrigal. "Beneath the Cloud" series, *The Atlantic,* 2015–16.

Burrington, Ingrid. *Networks of New York: An Illustrated Guide to Urban Internet Infrastructure.* Brooklyn: Melville House, 2016.

Ceruzzi, Paul E. *Internet Alley: High Technology in Tyson's Corner, 1945–2005.* Cambridge: The MIT Press, 2011.

Dzieza, Josh. "A History of Metaphors for the Internet." TheVerge.com, 2014. theverge.com/2014/8/20/6046003/a-history-of-metaphors-for-the-internet.

Hayes, Brian. "The Infrastructure of the Information Infrastructure." *American Scientist*, 85, 1997.

Hu, Tung-hui. *A Pre-History of the Cloud.* Cambridge: The MIT Press, 2015.

Johnson, George. *The All Red Line: The Annals and Aims of*

the Pacific Cable Project. Ottawa: James Hope and Sons, 1903.

Lee, Timothy B. "40 Maps That Explain the Internet." Vox.com, 2014. vox.com/a/internet-maps.

Leiner, Barry M., Vinton G. Cerf, David D. Clark, Robert E. Kahn, Leonard Kleinrock, Daniel C. Lynch, Jon Postel, Larry G. Roberts, and Stephen Wolff. *A Brief History of the Internet*. Internetsociety.org, 1997. internetsociety.org/internet/history-internet/brief-history-internet.

Levine, Yasha. *Surveillance Valley: The Secret Military History of the Internet*. New York: Public Affairs, 2018.

Lyons, Jeffrey K. "The Pacific Cable, Hawai'i, and Global Communication." *The Hawaiian Journal of History*, 39, 2005.

Mendelsohn, Ben. *Bundled, Buried, and Behind Closed Doors*. 2011. Video, 10:05. vimeo.com/30642376.

Parker, Matt, dir. *The People's Cloud*. 2017. thepeoplescloud.org.

Rosen, Rebecca J. "Clouds: The Most Useful Metaphor of All Time?" *The Atlantic*, Sept. 30, 2011. theatlantic.com/technology/archive/2011/09/clouds-the-most-useful-metaphor-of-all-time/245851.

Starosielski, Nicole. *The Undersea Network*. Durham: Duke University Press, 2015.

Stephenson, Neal. "Mother Earth Mother Board." *Wired*, 1996.

TeleGeography. Submarine Cable Frequently Asked Questions. Submarine Cable 101. 2021. www2.telegeography.com/submarine-cable-faqs-frequently-asked-questions.

第 2 部　電力のシステム

Angwin, Meredith. *Shorting the Grid: The Hidden Fragility of Our Electric Grid*. Hartford: Carnot Communications, 2020.

Bakke, Gretchen. *The Grid: The Fraying Wires Between Americans and Our Energy Future*. New York: Bloomsbury, 2016.

Bodanis, David. *Electric Universe: The Shocking True Story of Electricity*. New York: Crown, 2005.『エレクトリックな科学革命：いかにして電気が見出され、現代を拓いたか』デイヴィッド・ボダニス著／吉田三知世訳／早川書房／2007年

Chikowero, Moses. "Subalternating Currents: Electrification and Power Politics in Bulawayo, Colonial Zimbabwe, 1894–1939." *Journal of Southern African Studies* 33, no. 2 (2007): 287–306. jstor.org/stable/25065197.

Cohn, Julie A. *The Grid: Biography of an American Technology*. Cambridge: The MIT Press, 2017.

Essig, Mark. *Edison and the Electric Chair: A Story of Light and Death*. New York: Walker and Company, 2003.

Jonnes, Jill. *Empires of Light: Edison, Tesla, Westinghouse, and the Race to Electrify the World*. New York: Random House, 2003.

Morales, Ed. "Privatizing Puerto Rico." *The Nation*, Dec. 1, 2020.

Munson, Richard. *Tesla: Inventor of the Modern*. New York: W. W. Norton & Co, 2018.

National Power Survey, 1964. Federal Power Commission.

Needham, Andrew. *Power Lines: Phoenix and the Making of the Modern Southwest*. Princeton: Princeton University Press, 2014.

Nye, David E. *Electrifying America: Social Meanings of a New Technology, 1880–1940*. Cambridge: The MIT Press, 1990.

Popovich, Nadja, and Brad Plumer. "How Does Your State Make Electricity?" *New York Times,* Oct. 28, 2020.

Rhodes, Richard. *Energy: A Human History.* New York: Simon and Schuster, 2018.『エネルギー400年史：薪から石炭、石油、原子力、再生可能エネルギーまで』リチャード・ローズ著／秋山勝訳／草思社／2019年

Roach, Craig R. *Simply Electrifying: The Technology That Transformed the World, from Benjamin Franklin to Elon Musk.* Dallas: Benbella Books, 2017.

Rudolph, Richard, and Scott Ridley. *Power Struggle: The Hundred-Year War over Electricity.* New York: Harper and Row, 1986.『アメリカ原子力産業の展開：電力をめぐる百年の抗争と九〇年代の展望』リチャード・ルドルフ、スコット・リドレー著／岩城淳子、斎藤叫、梅本哲世、蔵本喜久訳／御茶の水書房／1991年

Schiffer, Michael Brian. *Draw the Lightning Down: Benjamin Franklin and Electrical Technology in the Age of Enlightenment.* Berkeley: University of California Press, 2013.

Shamir, Ronen. *Current Flow: The Electrification of Palestine.* Palo Alto: Stanford University Press, 2013.

Thompson, William L. *Living on the Grid: The Fundamentals of the North American Electric Grids in Simple Language.* Bloomington, IN: iUniverse, 2016.

第3部　水のシステム

Allen, David, and Catherine Watling. *H₂O: The Molecule That Made Us.* WGBH Boston and Passion Planet Ltd., 2020.

Arax, Mark. *The Dreamt Land: Chasing Water and Dust Across California.* New York: Alfred A. Knopf, 2019.

Ball, Phillip. *The Water Kingdom: A Secret History of China.* Chicago: University of Chicago Press, 2017.

Burton, Virginia Lee. *Life Story: The Story of Life on Earth from Its Beginnings Up to Now.* Boston: Houghton Mifflin Harcourt, 1962, 1990.

Fishman, Charles. *The Big Thirst: The Secret Life and Turbulent Future of Water.* New York: Free Press, 2012.

Fox, Coleen A., Nicholas James Reo, Dale A. Turner, JoAnne Cook, Frank Dituri, Brett Fessell, James Jenkins, Aimee Johnson, Terina M. Rakena, Chris Riley, Ashleigh Turner, Julian Williams, and Mark Wilson. "'The River Is Us; the River Is in Our Veins': Re-defining River Restoration in Three Indigenous Communities." *Sustainability Science* 11, no. 3, May 2016.

Glennon, Robert. *Unquenchable: America's Water Crisis and What to Do About It.* Washington DC: Island Press, 2009.

Halliday, Stephen. *An Underground Guide to Sewers, or: Down, Through & Out in Paris, London, New York &c.* Cambridge: The MIT Press, 2019.

Kimmelman, Michael. "When Manhattan Was Mannahatta: A Stroll Through the Centuries." *New York Times,* May 13, 2020.

Klein, Naomi, and Rebecca Stefoff. *How to Change Everything: A Young Human's Guide to Protecting the Planet and Each Other.* New York: Simon and Schuster, 2021.

Lautman, Victoria. *The Vanishing Stepwells of India.* London: Merrell Publishers, 2017.

Miller, Todd. *Storming the Wall: Climate Change, Migration and Homeland Security.* San Francisco: City Lights Books, 2017.

Mithen, Steven. *Thirst: Water and Power in the Ancient*

World. Cambridge: Harvard University Press, 2012. 『渇きの考古学：水をめぐる人類のものがたり』スティーヴン・ミズン著／赤澤威、森夏樹訳／青土社／2014年

Reisner, Mac. *Cadillac Desert: The American West and Its Disappearing Water*. Penguin Books, 1986, 2017.

Rutherford, Gabriella. "We Are Nature's Best Guardians, Not the State," intercontinentalcry.org, Aug. 20, 2019. intercontinentalcry.org/we-are-natures-best-guardians-not-the-state.

Salzman, James. *Drinking Water: A History*. New York: Overlook Duckworth, 2012, 2017.

Sedlack, Dave. *Water 4.0: The Past, Present and Future of the World's Most Vital Resource*. New Haven: Yale University Press, 2014.

Smithsonian. "Travel Through Deep Time With This Interactive Earth." Web application. smithsonianmag.com/science-nature/travel-through-deep-time-interactive-earth-180952886.

Sneddon, Christopher. *Concrete Revolution: Large Dams, Cold War Geopolitics, and the US Bureau of Reclamation*. Chicago: University of Chicago Press, 2015.

Solomon, Steven. *Water: The Epic Struggle for Wealth, Power, and Civilization*. New York: Harper Perennial, 2010. 『水が世界を支配する』スティーブン・ソロモン著／矢野真千子訳／集英社／2011年

Taylor, Dorceta E. *Toxic Communities: Environmental Racism, Industrial Pollution, and Residential Mobility*. New York: New York University Press, 2014.

Thompkins, Christopher R. *The Croton Dams and Aqueducts*. Charleston: Arcadia, 2000.

全般

Acker, Emma, Sue Canterbury, Adrian Daub, and Lauren Palmor. *Cult of the Machine: Precisionism and American Art*. New Haven: Yale University Press, 2018.

Ascher, Kate. *The Works: Anatomy of a City*. New York: Penguin Books, 2005.

Gilio-Whitaker, Dina. *As Long as Grass Grows: The Indigenous Fight for Environmental Justice from Colonization to Standing Rock*. Boston: Beacon Press, 2019.

Hayes, Brian. *Infrastructure: A Guide to the Industrial Landscape*. New York: W. W. Norton, 2005, 2014.

Huller, Scott. *On the Grid: A Plot of Land, an Average Neighborhood, and the Systems That Make Our World Work*. New York: Rodale, 2010.

The Kingfisher Visual Factfinder. New York: Kingfisher, 1993, 1996.

Macaulay, David. *City*. Boston: Houghton Mifflin Harcourt, 1974. 『都市：ローマ人はどのように都市をつくったか』デビッド・マコーレイ著／西川幸治訳／岩波書店／1980年

Macaulay, David. *Mill*. Boston: Houghton Mifflin Harcourt, 1983.

Macaulay, David. *The Underground*. Boston: Houghton Mifflin Harcourt, 1976. 『アンダーグラウンド：都市の地下はどうつくられているか』デビッド・マコーレイ著／田村明訳／岩波書店／1981年

Macaulay, David. *The Way Things Work Now: From Levers to Lasers, Windmills to Wi-Fi, A Visual Guide to the World of Machines*. Boston: Houghton Mifflin Harcourt, 1988, 2016.

撮影：ハナ・コーエン

著者　ダン・ノット（Dan Nott）

ダン・ノットが漫画を描くようになったのは、小さいころにウスター美術館で漫画のレッスンに参加したのがきっかけだ。小学校時代から大学時代まで、授業で課題を出されると、よく漫画を描いて提出した。マサチューセッツ大学アマースト校で、政治学とジャーナリズムとアートを専攻。漫画研究センター（CCS）（ヴァーモント州ホワイトリヴァージャンクション）の卒業論文では、"見えないシステム"をテーマに漫画を描いた。この本の冒頭の部分はそのときのものだ。CCSの出版プロジェクトによる『This Is What Democracy Looks Like（これが民主主義だ）』はダンを中心に作られ、全国で無料配布された。また、ダンはいろいろなミニコミを自主出版している。イラストレーターとしても活躍し、調査報道やジャーナリズム機関のアート制作を担当。また、コミックの制作や歴史に関する講座の講師を務めている。パートナーのダリル、きかんぼうで愛らしい猫のズーコとともにヴァーモント州に住んでいる。近況はdannott.comで。

訳者　桃井緑美子（ももいるみこ）

翻訳家。訳書にフェイガン『歴史を変えた気候大変動』(河出書房新社) 共訳、トウェンギ, キャンベル『自己愛過剰社会』(河出書房新社)、テトロック『専門家の政治予測』(みすず書房) 共訳、スノーデン『疫病の世界史 上・下』(明石書店) 共訳、ヴァンダービルト『ハマりたがる脳』(早川書房)、ボール『枝分かれ』(早川書房)、バルコム『魚たちの愛すべき知的生活』(白揚社)、フランクリン『子犬に脳を盗まれた！』(青土社)、フェリス『スターゲイザー』(みすず書房) など。